ÈVE

DANS L'HUMANITÉ

PAR

MARIA DERAISMES

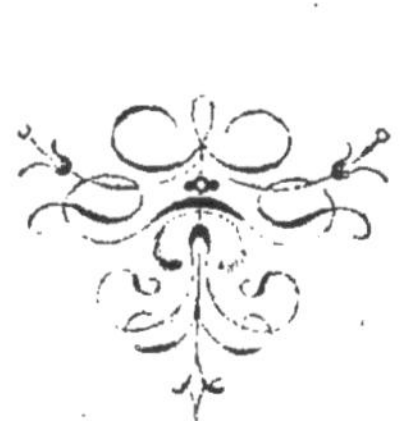

PARIS
LIBRAIRIE GÉNÉRALE DE L. SAUVAITRE
72, BOULEVARD HAUSSMANN, 72
—
1891

ÈVE
DANS L'HUMANITÉ

ÈVE
DANS L'HUMANITÉ

PAR

MARIA DERAISMES

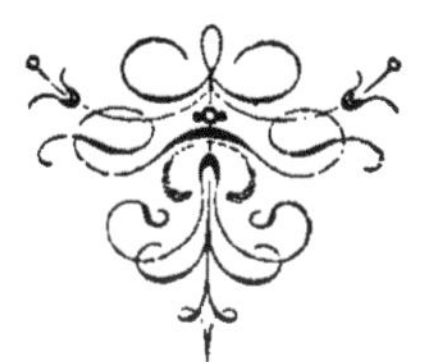

PARIS
LIBRAIRIE GÉNÉRALE DE L. SAUVAITRE
72, BOULEVARD HAUSSMANN, 72

—

1891

PRÉFACE

Il y a plus de vingt ans que les cinq premiers discours renfermés dans ce volume ont été prononcés à la salle des Capucines. Cette série, je le regrette, est loin d'être complète, des notes et des sténographies ayant été égarées pendant la période néfaste de 1870-1871.

Chacun se souvient qu'avant cet effondrement inoubliable, où la France faillit sombrer, l'empire, à son déclin, se sentant menacé, avait, par mesure politique et pour reconquérir une apparence de popularité, détendu quelque chose de la rigueur de son régime.

Alors, le pays, depuis longtemps bâillonné, était assoiffé de paroles sincères et dépourvues de toute estampille officielle. Aussi, répondit-il avec empressement et enthousiasme à cette tentative de tribune libre. Ce fut vraiment le beau temps des conférences ; elles répondaient à un besoin général. C'est à cette époque que je fis mes débuts oratoires.

Au préalable, et pour m'assurer de l'état d'esprit du moment, je traitai des sujets de philosophie, de morale, d'histoire, de littérature. Une fois le terrain bien sondé, je pris la résolution de consacrer deux saisons à la question de l'affranchissement de la femme qui depuis le mouvement socialiste de 1848, aussitôt étouffé, était tombé en oubli.

Le succès dépassa toute prévision.

L'affluence énorme du public, son assiduité, ses applaudissements, le retentissement qu'eurent ces entretiens, m'autorisèrent à croire que la réalisation des réformes législatives que je réclamais pouvait être relativement prochaine.

J'avais compté sans la guerre qui vint retarder indéfiniment une infinité de projets.

Après cet effroyable désastre, tous les cerveaux ne furent plus absorbés que par une seule et unique pensée : relever la patrie par la libération du territoire, l'extension de l'instruction, l'organisation de l'armée et la consolidation de la République. C'est à cette dernière œuvre que je travaillai ; ajournant à des temps meilleurs la publication que je fais paraître aujourd'hui.

J'entrepris donc une campagne de propagande en faveur des principes de la démocratie, persuadée, du reste, que de leur complète application dépend la disparition de toute injustice légiférée.

Aujourd'hui que le gouvernement républicain s'est affermi et qu'il est l'expression de l'opinion publique, nous devons revenir, à nouveau, sur la condition légale de la femme, condition représentant un contraste choquant avec la devise : Liberté, Égalité, Fraternité, inscrite à la tête de notre Constitution.

Le moment est donc opportun pour mettre au jour des études qui restent aussi actuelles qu'à l'heure où elles ont été produites en public.

La loi est encore la même ; le Code a gardé son immutabilité. Mais, heureusement, si la lettre a été respectée, par un scrupule que nous ne saurions louer, l'esprit a subi d'importantes modifications.

C'est ainsi que se dresse une sorte d'antagonisme entre la loi qui décrète l'infériorité définitive du sexe féminin, et les faits qui rétablissent sa complète égalité.

Cette contradiction, en matière fondamentale, n'est qu'une aberration cérébrale qui ne saurait durer, et c'est pour la faire cesser qu'un groupe parlementaire, qui ne compte pas moins de soixante députés, a rédigé deux projets : l'un conférant aux femmes commerçantes le droit d'élire, tout comme les commerçants, leurs juges consulaires ; l'autre, réclamant pour la totalité des femmes l'exercice de leurs droits civils.

Le premier a été voté par la Chambre dans la session de 1889 et a été repoussé par le Sénat ; le second n'a pas encore été mis en délibération. Ces deux projets, ayant été déposés dans la dernière législature devront être présentés, à nouveau, au Parlement actuel ; et le plus curieux, cette fois, c'est que c'est le Sénat qui prendra l'initiative de la proposition des droits civils. Peut être est-ce une façon d'atténuer ce qu'il y a d'arriéré dans son rejet de l'électorat des commerçantes.

Comment admettre, en effet, que la femme qui passe de niveau avec l'homme sous la toise intellectuelle, à qui l'on confère depuis une vingtaine d'années tous les grades universitaires et les diplômes de doctorat en droit, en médecine, ainsi que l'internat dans les hôpitaux, soit déclarée incapable pour les actes les plus ordinaires de la vie civile et sociale ?

Il faut absolument mettre fin à cette situation contradictoire qui, logiquement, a ses contre-coups partout.

Et nous nous étonnons encore des lenteurs que met la République à s'organiser ! Fondée sur le droit, elle a à sa base la violation du droit.

Aussi que se passe-t-il ?

Malgré la science acquise et ses merveilleuses applications, malgré les connaissances de plus en plus approfondies de l'histoire et la vulgarisation de la pensée par la presse, les livres, la parole, les mêmes fautes se répètent. Les caractères restent au-dessous des idées ; les actes au-dessous des théories. On prône la solidarité et on professe l'individualisme le plus impitoyable ; on exhalte la morale et on plonge dans la corruption la plus éhontée.

En un mot, loin de s'améliorer, de se perfectionner, les consciences se dégradent.

On s'aperçoit avec stupeur que, parvenue à un point élevé d'éclosion, l'œuvre sociale s'arrête court. Elle paraît ne pouvoir pousser plus loin son évolution. C'est à se demander si l'humanité est indéfiniment progressible ou bien si le progrès n'est seulement réalisable que dans les choses.

Mais une observation impartiale et profonde triomphe du doute. En étudiant sérieusement l'histoire, nous constatons que toutes les crises que traversent les nations, sont toujours suscitées par des dénis de justice et par une mauvaise répartition des droits et des devoirs.

Toute notre civilisation n'est qu'en surface et en placage ; le fond fait défaut.

Pour remédier au mal, nécessité est de le prendre à sa racine ; il suffit d'une revision du Code dans le sens intégral du droit pour en triompher. Le droit est indivisible, les intérêts étant à la fois individuels et collectifs. Le droit est aussi bien politique que civil, car ne l'exercer que sous ce dernier rapport, c'est lui ôter toute garantie.

La refonte de la loi est donc imminente, elle seule peut rétablir l'ordre et remettre tout à sa place.

MARIA DERAISMES.

1891.

LA FEMME ET LE DROIT

Messieurs, Mesdames,

Cette année, je me propose de traiter de la femme, de sa condition subalterne en humanité, de la nécessité de son affranchissement et de la reconnaissance de son droit. Ce soir, j'attirerai particulièrement votre attention sur les origines de cette situation inférieure et les raisons qu'on a pu faire valoir pour la maintenir; et je me ferai un devoir de répondre à toutes les objections susceptibles d'être produites.

Le premier argument qui se présente est celui-ci : Pourquoi l'infériorité des femmes s'est-elle maintenue dans les lois et les usages depuis le commencement du monde et la formation des sociétés? Pourquoi, si la femme est égale à l'homme, n'a-t-elle pas partagé, dès l'abord, l'autorité avec lui ? Par quelle inexpliquable complaisance a-t-elle fait l'abandon de ses droits, ou par quel étrange aveuglement les lui a-t-on perpétuellement contestés ? Pourquoi n'a-t-elle pas profité des réformes, des révolutions, faites au nom de la liberté et de la justice, pour revendiquer et reconquérir ses droits ?

Ce fait de durée et de persistance ne prouve-t-il pas que son état subalterne, sous toutes les zones et à toutes les époques, correspond à une grande loi naturelle ? Nous allons répondre à ce premier argument. Mais pour aborder une question aussi sérieuse, il est nécessaire de remonter très haut.

Nous serons alors amenée à reconnaître que la subalternisation de la femme, dans les législations, est la conséquence de la dépréciation du principe féminin en cosmogonie et en théogonie ; le principe mâle étant considéré comme essentiellement et exclusivement créateur.

Pour nous rendre compte de la valeur de ce jugement, nous poserons la question de la façon suivante :

1° Le principe féminin est-il créé ou incréé ? En un mot, était-il au commencement, est-il de toute éternité ?

2° Si la cause primordiale, cause universelle dite force auto-créatrice, n'a ni genre, ni sexe, pourquoi n'a-t-elle rien pu produire, ni rien perpétuer sans l'aide de deux agents sexuels ?

Si, au contraire, la substance autonome, puissance créatrice ou organisatrice, suivant qu'il plaît de la concevoir, est exclusivement mâle et, partant de là, douée des facultés fécondantes, comment a-t-elle dû recourir à l'élément femelle pour opérer l'œuvre du monde ?

Que n'a-t-elle transmis quelque chose de ses propres facultés génératrices aux êtres mâles des différentes espèces sans l'auxiliaire féminin ? Si elle y a été réduite, c'est qu'elle n'était qu'à demi-virtuelle et qu'elle ne pouvait se passer de l'apport d'une autre virtualité.

La logique nous oblige, en effet, à conclure que le principe primordial, qui est par lui-même et n'a besoin de rien pour exister, comprenait implicitement, à l'origine, les deux genres ; que ces deux genres sont coexistants et nécessaires à la procréation ; donc ils sont égaux.

Cette égalité s'est si bien imposée à l'esprit religieux, que l'élément féminin a été représenté dans les conceptions théologiques et qu'il a été l'objet d'un culte.

Je sais bien que les rédacteurs des théogonies et des cosmogonies ont prétendu que l'élément féminin n'y jouait qu'un rôle inférieur, ne figurant que la matière première dont les attributs ne sont que la passivité et la réceptivité.

Il est certain que la déification d'un principe dénué de conscience, de volonté et d'action, ne pouvait être longtemps admise ; aussi, peu à peu, les divinités féminines s'élevèrent et prirent, de plus en plus, un caractère animique. C'est sous l'influence grecque que cette transformation s'accentua davantage.

La femme, maltraitée par les codes, est déifiée au Panthéon ; elle fait partie de l'être nécessaire, absolu, divin ; elle est de même essence que le *spiritus* des Genèses.

Ce n'est plus la divinité tellurique aux multiples mamelles, spécifiant la réceptivité ; ce n'est plus la passive Vesta et l'insignifiante Demeter, mais Athéné, la personnification de la pensée. Rien de plus glorieux que sa naissance : elle jaillit du cerveau de Zeus-Jupiter, elle émerge de la substance grise, comme dirait un physiologiste de nos jours.

C'est la première fois que dans les théogonies l'élément spiritualiste est représenté, et c'est sous la forme d'une femme qu'il apparaît !

Athéné a sous sa juridiction toutes les circonscriptions de l'intelligence ; les œuvres de génie, les œuvres d'art se placent sous son invocation ; elle inspire l'Aréopage ; elle est l'Éponyme d'Athènes ; elle est la déesse ; le maître des dieux conçoit de l'orgueil en regardant sa fille. Tout le monde sait quelle valeur on attachait à la possession de son image appelée *Palladium*. Athéné est rangée au nombre des douze grands dieux.

En Égypte, sous les Ptolémée, Isis atteint un caractère idéal presque semblable. Elle personnifie la sagesse, c'est la *Sophia*. Elle joue dans la théogonie égyptienne le rôle que tient le Saint-Esprit dans la doctrine chrétienne.

En outre, comme les doctrines du polythéisme étaient essentiellement représentatives, qu'elles consistaient bien plus en cérémonies qu'en dogmes et que la femme était appelée à la dignité du sacerdoce, il arrivait que par l'apparat religieux, elle se trouvait constamment en évidence et en relief.

Thucydide rapporte qu'à Argos, la grande prêtresse d'Hera exerçait les fonctions de grand pontife — hiérophante — et donnait son nom à l'année.

Tous les ans, montée sur un char traîné par quatre taureaux blancs, la grande prêtresse, escortée par une foule de jeunes Argyens vêtus d'armes éclatantes, se rendait processionnellement au temple de la déesse.

Mais le triomphe des femmes était les Thesmophories. Dans ces fêtes, les femmes avaient le pas sur les hommes. Tous les maris étaient forcés de fournir à leurs épouses les fonds nécessaires à la dépense des cérémonies. L'entrée du Thesmophorion était interdite aux hommes, et l'infraction de cette loi, punie de mort.

Sous le nom de Thesmophore, Cérès était honorée et adorée comme législatrice, ayant droit à l'hommage et à la reconnaissance des mortels auxquels elle avait donné des lois et des institutions les plus sages. Il ne s'agissait plus seulement, ici, de fertilité et d'abondance matérielle, dont la déesse était l'emblème, mais de tout un ordre d'idées supérieures, appartenant aux hautes sphères de l'intellect.

L'histoire nous a fait la description de la magnificence du temple d'Ephèse, dédié à Diane, et de l'éclat des solennités faites en son honneur. Du reste, le culte des divinités féminines n'était pas exclusivement célébré par des femmes, mais encore par des hommes qui recherchaient, comme la plus grande distinction, le titre et les fonctions d'hiérophante. Nous savons, par Démosthène, que la femme de l'archonte faisait des sacrifices publics au nom de la ville; de plus, elle jouissait de la prérogative d'assister à la célébration des mystères.

Déesses, prêtresses étaient autant de qualités et de fonctions élevées propres à rendre au sexe féminin tout son prestige, et à lui faire conquérir la place que lui a assignée la nature, et que l'injustice masculine lui a refusée.

Il n'en fut rien cependant; et elles continuèrent d'être asservies, à des degrés différents, dans l'ordre politique et social, dans la vie publique comme dans la vie privée. Jamais les sociétés ne montrèrent plus d'inconséquence et ne furent plus en contradiction avec elles-mêmes !

L'encens qu'on prodiguait au principe féminin sur les autels consacrés aux déesses, avait, comme contre-poids, dans la vie réelle les rigueurs de la loi envers les femmes.

C'est qu'en dépit de cet empiètement du principe féminin sur le terrain divin et hiératique, le préjugé de l'inégalité des deux genres résistait quand même et était la source de la légende du péché originel.

Mais voici, justement, où les difficultés commencent, et le récit des Genèses, loin de les résoudre, les compliquent. En cosmogonie religieuse, rien n'est plus clair. Deux éléments, de valeur différente, sont en présence : l'esprit et la matière, c'est-à-dire le conscient et l'inconscient. Le premier fait la loi au second, ce qui est juste. Mais en androgénie, la contradiction est manifeste.

Nous voyons dans l'homme et la femme identité de composition. Pétris du même limon, de la même argile, animés du même souffle, il y a équivalence dans les deux.

Chez les Indous, Manou se dédouble; et cette moitié séparée n'est autre que la femme, et rien ne nous indique que cette moitié soit inférieure à l'autre. Suivant Moïse, la formation d'Ève donne lieu à deux versions qui se démentent. Chez les Celtes, l'Edda nous raconte que les fils de Bore, agents de la divinité, autrement dit *démiurges*, façonnent l'homme et la femme de deux morceaux de bois qu'ils ont aperçus flottant sur les eaux. Un morceau de bois en vaut un autre; pourtant le chêne est plus estimé que le sapin; mais l'Edda ne fait, ici, aucune distinction et ne mentionne aucune différence. Chez les Grecs, d'après Hésiode, Pandore, la première femme, sort de la main des dieux; elle est comblée de leurs dons. Si elle ouvre la fatale boîte renfermant tous les maux, la responsabilité en revient à Jupiter, qui, pour se venger de Prométhée, lui en a fait présent.

Jusqu'à présent, il m'est impossible de saisir les motifs de subordination. Alors je poursuis mes investigations; et bientôt, en avançant dans les vieux récits, je découvre une faute, une transgression à la loi éternelle, dont la femme se serait rendue coupable. L'Inde ne confirme pas cette donnée. Dans la tradition, Brahma est seul l'auteur de l'infraction. Ève, chez les Hébreux, et Pandore, chez les Grecs, perdent l'humanité par leur curiosité fatale. Chez les Celtes, les filles des Géants surviennent et corrompent les fils des hommes. La Glose chinoise prétend qu'il faut se défier des paroles de la femme, sans s'expliquer davantage.

Enfin, après mes consciencieuses recherches dans les anciens documents, j'infère que la femme a été coupable, mais non incapable, la culpabilité n'impliquant pas nécessairement l'infériorité intellectuelle. Transgresser une loi, c'est manifester une force, déviée peut-être, mais cette force n'en existe pas moins ; elle peut se redresser et agir dans un sens favorable; tandis que l'incapacité, qui est une privation, est dans tous les temps un mal incurable.

Avant d'accepter comme véridique cette donnée de la culpabilité primordiale de la femme, il est sage d'examiner les bases sur lesquelles elle est établie. Nous constatons d'abord qu'il n'existe rien de précis, qu'il n'y a point unanimité, que les avis sont partagés.

C'est la Genèse hébraïque qui est, sur ce point, la plus explicite et la plus affirmative. Il s'agit de savoir si elle est logique et vraisemblable.

Au chapitre premier, versets 26, 27, 28, Jéhovah dit : « Faisons l'homme à notre image... » Il les créa à son image et les fit mâle et femelle. Il était donc lui-même des deux genres. Et il leur dit : « Croissez et multipliez. »

Au chapitre second, le narrateur ou rédacteur du récit, à propos du repos que prend le Seigneur le septième jour, rénumère tous les faits de la création et arrive à la confection de l'homme ; il modifie singulièrement sa première narration. Suivant cette dernière donnée, l'homme est façonné d'abord et déposé dans un jardin appelé Éden.

Au verset 18, Dieu s'aperçoit qu'il manque quelque chose à l'homme ; et il dit : « Il n'est pas bon que l'homme soit seul ; faisons-lui une aide semblable à lui. »

D'après cette seconde version, Dieu n'avait donc pas fait l'homme mâle et femelle simultanément ? Ce n'est donc qu'après expérience faite qu'il modifie son premier projet. Si, dans le dessein primitif de Dieu, l'homme devait être seul, il ne devait pas avoir de sexe ; car l'existence d'un sexe implique forcément celle d'un autre sexe. Était-il donc doué de la faculté de se reproduire ? Était-il androgyne ? Enfin, qu'était son état anatomique et physiologique avant l'apparition de la femme ? S'il était mâle, sa femelle devait de toute nécessité exister.

Il y a là contradiction. Le conte bleu qui tire la femme d'une côte de l'homme ne résout pas la difficulté. Dès que Dieu rectifie son plan et revient sur son œuvre, Adam a dû subir d'importantes retouches ; car il lui manquait certaines conditions organiques indispensables à l'union corporelle de deux êtres. Cette seconde donnée doit être repoussée, Dieu ne pouvant se déjuger en manquant de prévision, conséquemment de sagesse. Dans tous les cas, il n'est question entre eux que d'une différence formelle et non essentielle.

Sortis des mains du Créateur, il n'y a pas à invoquer les phénomènes de l'atavisme, du croisement de races et de sang, des différents milieux et des transmissions de caractères par l'hérédité et les diversités de l'éducation. Tout est uniforme, tout est semblable, tout est neuf, sans tradition, sans passé.

Pourquoi l'un de ces deux facteurs de l'humanité, créés pour s'associer, se pénétrer, en vue de la perpétuité de l'espèce, serait-il plus défectueusement organisé que l'autre ? Et d'ailleurs, si l'on veut bien se donner la peine d'étudier les circonstances dans lesquelles le premier délit se perpètre, on se demandera à quel propos la femme est-elle considérée plus fautive que l'homme ?

Par quel vice d'organisation a-t-elle été encline à désobéir la première? Si elle a été constituée défectueusement, son auteur en est seul responsable.

Si, d'autre part, Dieu avait la pensée secrète, je dis secrète, Jehovah ne l'ayant exprimée nulle part, de conférer la supériorité à l'homme plutôt qu'à la femme, il faut reconnaître qu'il a été singulièrement déçu, car l'homme, dans cette première incartade, accuse autant de bêtise que de lâcheté. Sans opposition raisonnée, sans résistance, il devient complice enfantin de sa compagne Ève qui, dans sa faute, se montre infiniment supérieure, cédant à un besoin de connaître et de savoir. Mais comment nous attacher à une légende qui ne se forme que de racontars accumulés et falsifiés d'âge en âge et de siècle en siècle! Examinons les faits capables de rectifier toutes ces erreurs du passé, sanctifiées par le respect superstitieux de l'ancienneté.

Ces cosmogonies, ces genèses, d'où nous tirons toutes ces données, n'appartiendraient-elles pas à des époques ultérieures ?

Lorsque l'humanité est tourmentée du désir de connaître ses origines et ses destinées, n'a-t-elle pas déjà atteint un certain degré de culture? Ces essais d'exégèses, plus ou moins synthétiques, sur la formation de l'univers, n'exigent-ils pas une pensée quelque peu exercée? A l'époque où Moïse naît, l'Egypte est en pleine effervescence, et c'est alors que se rédige le *Pentateuque*. Si nous remontons à la formation et à la confection de tous les livres sacrés : *Veda*, *Zen-Avesta*, *Kings*, nous verrons qu'ils sont œuvres faites après coup. Il en est de même aussi du *Nouveau Testament*.

Ces œuvres reflètent donc des usages reçus, des habitudes, des partis pris. Elles ne sont ni primitives, ni spontanées.

La géologie a mis volontiers fin à ces doutes; elle nous a révélé, par ses découvertes, des âges antérieurs appelés âge de pierre, âge de fer, âge primitif, où la force musculaire prévaut sur toutes les autres qui, il faut le dire, n'ont pas reçu encore leur développement, car l'intelligence et le sentiment n'y sont encore qu'à l'état de germe, germe bourgeonnant à peine. Mais, remarquons-le bien, le lien qui unit le sentiment à la raison est plus intime qu'on ne le suppose. J'oserai dire plus : le sentiment et la raison sont dans un rapport constant.

Pendant les époques primitives, les occupations les plus nobles et en même temps les plus utiles de l'homme sont la chasse et la guerre : la chasse, pour le nourrir et pour détruire les animaux nuisibles; la guerre, pour se défendre et repousser les invasions ennemies, souvent aussi pour s'approprier de nouvelles terres.

Vous vous l'imaginez bien, ce règne n'est pas celui de la femme, dont l'infériorité musculaire est incontestable.

Ce sont des phases de concurrence vitale où l'existence ne s'achète qu'au prix de la lutte, de la bataille, du combat.

L'homme accorde à la femme une sorte de protectorat qui ressemble très fort à une oppression. Du reste, il est certain que lorsqu'on a besoin d'un protecteur, on ne lui fait pas de conditions, au contraire, on subit les siennes.

On a prétendu, aussi, que les premières civilisations sont orientales, circonstance très désavantageuse pour la femme. La femme asiatique ayant une précocité physique qui lui est, certes, défavorable, est déjà femme par le corps, tandis qu'elle est encore enfant par l'esprit. Nous ferons, ici, une simple réflexion. Si la puberté de la femme est précoce, ou pour mieux m'exprimer sa nubilité, ces deux termes ne devant pas être confondus, l'homme asiatique se trouve certainement dans un état correspondant, c'est-à-dire qu'il est prolifique avant d'être producteur par la pensée.

Disons tout simplement que l'homme a cherché *per fas et nefas* à rester maître. A partir de la période musculaire, il s'est emparé brutalement du pouvoir, s'est efforcé d'abaisser la femme et n'a réussi qu'a s'abaisser lui-même.

Et cependant, dans cet Orient où les femmes en troupeaux peuplent des harems, de temps en temps scintille, comme un rayon solitaire, un nom féminin. Comment ce nom a-t-il traversé les siècles ? Comment est-il parvenu jusqu'à nous malgré le despotisme masculin ? Nul ne saurait le dire; mais à ce nom sorti de l'obscurité est attaché le prestige de l'autorité, du génie et de la gloire. C'est Sémiramis, c'est Balkis, plus connue sous le nom de reine de Saba, c'est Deborah, juge dans Israël. Par quelle inadvertance a-t-on conféré, à ces époques de prédominance mâle, les premières fonctions politiques à une femme ?

C'est qu'en vérité, lorsqu'une loi naturelle est transgressée, elle a quand même ses reprises; l'inconséquence même des légistes les lui offre. La femme, abaissée dans les codes, se trouve tout à coup portée, par les nécessités de la filiation et de la dynastie, à la suprême puissance. C'est ainsi que l'Égypte ancienne donna une haute situation à la femme. Dans plus d'un cas, elle parvint au pouvoir. En Chine, plusieurs impératrices célèbres tinrent les rênes d'un gouvernement absolu. Nul n'ignore que la politique des harems, dirigée par les sultanes favorites et les sultanes validé — en d'autres termes sultanes-mères — n'ait prévalu en Orient.

En ce qui concerne la femme, n'allez pas chercher dans l'ensemble des institutions ni logique, ni justice; rien ne se lie, rien ne s'enchaîne, tout est arbitraire, tout est contradictoire. A côté d'une loi oppressive, vexatoire, existe une disposition favorable qui détonne sur ce qui précède. En même temps qu'on la dégrade, on l'exalte et on l'encense. L'antiquité, la barbarie, le moyen âge sont remplis de ces anomalies. Là où la femme ne pouvait être citoyenne, elle était, à l'occasion, suzeraine et reine. Il est de convention de répéter, à satiété, que le christianisme a retiré la femme de son abjection en la réhabilitant. Cette assertion est plus qu'une exagération, c'est une erreur. D'abord le christianisme, procédant du récit mosaïque, assume à la femme la plus grande part de responsabilité dans la faute originelle.

Sa réintégration dans l'ordre supérieur est si peu indiquée dans l'Évangile et dans les Actes des Apôtres, que les Pères de l'Église n'ont pas même l'air de se douter du caractère régénérateur et libérateur de Marie. Sa maternité n'est pas prise en considération. Et c'est à qui déblatérera sur l'*engeance féminine*. On croirait encore entendre l'Étéocle d'Eschyle et l'Hippolytos d'Euripide, déplorant tous les deux la présence des femmes en humanité. Leurs plaintes et leurs récriminations sont grotesques. La venue de Marie n'a rien changé à l'opinion. Saint Paul, saint Augustin, leurs collègues et leurs succédanés, chantèrent la même antienne. Le concile de Mâcon poussa le mépris pour elles jusqu'à leur refuser une âme. C'est qu'en vérité, Marie, de son vivant, est absolument mise à l'ombre. Son fils, en diverses circonstances, lui adresse intentionnellement des paroles dures pour mieux faire sentir l'immense distance qui se tient entre lui et elle; durant sa vie et après sa mort, il ne laisse aucune disposition capable de modifier cette première attitude : pas un mot à ses apôtres n'est de nature à faire considérer à ceux-ci que le Christ a chargé sa mère d'une mission.

Comment Marie n'est-elle pas tombée complètement en oubli ; comment, au contraire, a-t-elle rayonné après coup avec tant d'éclat ? C'est que le féminin est éternel, et que toute conception de l'esprit, soit religieuse, soit philosophique, qui tentera de l'exclure ou de le diminuer, sera frappée de stérilité.

Le christianisme dut donc recourir à la femme sous

peine de périr. Il ressuscita Marie oubliée et dédaignée par les compagnons disciples de Jésus et les pères de l'Église. Elle allait brillamment réapparaître de façon à éclipser la trinité elle-même. Mais cette transformation des déesses païennes en une vierge chrétienne, marque-t-elle un progrès pour le genre féminin? Non certes; nous sommes loin des Athéné, des Diane, des Deméter éclairant l'humanité et donnant des lois. Marie, désormais, l'idéal de la femme dans le christianisme, est l'incarnation de la nullité, de l'effacement; elle est la négation de tout ce qui constitue l'individualité supérieure : la volonté, la liberté, le caractère.

Aussi à ce triomphe féminin dans l'ordre supra-terrestre, les hommes, pour établir une compensation, ont ils maintenu les rigueurs de la loi positive. Toujours dans la crainte de tomber sous le joug féminin, subissant une attraction irrésistible, ils s'efforcent de mettre entre eux et la femme un privilège qui les protège contre leurs propres entraînements. Et plus ils croient se garer du danger, par d'iniques mesures, plus ils sont en péril.

Il y a là une confusion singulière dont toutes les sociétés, sans exception, ont ressenti et ressentent les funestes effets.

Les révolutions libérales se sont succédé; l'égalité devant la loi a été proclamée pour tous; mais la femme n'a pas eu sa part intégrale. Sans doute, elle a bénéficié, dans une certaine proportion, de quelques grandes mesures générales. Cependant, comme fille majeure, elle ne jouit point de ses droits civils et, comme épouse, elle est en tutelle.

Notre affranchissement est encore à faire; et tant qu'il ne se fera pas, le progrès sera enrayé.

Si cet affranchissement ne s'est pas accompli, nous objecte-t-on en manière de second argument, la faute n'en revient-elle pas à la femme?

Après les périodes de pierre et de fer, lorsque la force intellectuelle commença à exercer sa suprématie sur la force musculaire, dans les climats tempérés où le développement physique de la femme est conforme à son développement moral, comment ne reprit-elle pas le niveau?

Aucune loi, aucun décret, à nos époques modernes, n'a interdit à la femme de lire, d'étudier, de retenir ce qu'elle a lu; d'observer, de noter ses observations, de déduire, d'induire et de généraliser. Pourquoi la somme de ses œuvres est-elle inférieure à celle des œuvres de l'homme?

Pour répondre victorieusement à cette objection, nous rappellerons que pendant les âges de fer, où règne la force musculaire, l'homme s'empare du pouvoir et que dans la suite, il ne se décide pas à le partager. Il continue donc à s'arroger les plus hautes fonctions. Par conséquent, il met exclusivement à sa disposition tous les moyens imaginables, toutes les ressources possibles pour fortifier son caractère, augmenter son savoir et agrandir son génie: université, écoles spéciales, cours, académie, sont fondés par lui et pour lui.

En matière d'instruction, les femmes sont constamment mises à l'écart; les hommes éloignent d'elles, avec une sollicitude sans pareille, tout ce qui pourrait nourrir et émanciper leur raison. Au contraire, ils font tout au monde pour maintenir et pour prolonger cette légèreté, cette frivolité féminine dont ils font l'objet de leurs critiques constantes. Dans mille occasions, ils la favorisent et l'encouragent; ils livrent enfin les femmes sans défense à l'autorité des préjugés, des superstitions et de la routine. Ils imposent à la femme des règlements, des prescriptions, des usages, sans daigner expliquer les motifs qui les leur ont fait adopter.

Et lorsqu'un homme vient dire à une femme: « Vous voulez parler affaire, madame, retournez donc à vos chiffons, votre cerveau n'est pas taillé pour ces choses. » La femme est en droit de répondre: « Qu'en savez-vous? avez-vous jamais expérimenté ce cerveau, en connaissez-vous la mesure, l'étendue? Avez-vous jamais permis qu'une femme allât jusqu'au bout de sa raison? Ah! aucune loi n'empêche aux femmes d'apprendre, mais vous leur en avez ôté tous les moyens. A cet égard, toute issue est fermée pour elles. »

Quand pendant des siècles l'ignorance et l'oisiveté du cerveau se transmettent et s'additionnent de génération en génération, les facultés s'étiolent; le désir d'apprendre s'éteint — sauf exception. Heureusement, qu'il y a pour correctif le savoir des pères, car les filles, habituellement, reproduisent les caractères paternels, et les fils, ceux de la mère. Ce qui justifierait les assertions du Talmud, à savoir : que chaque sexe porte en lui les principes contraires. De façon que malgré tous ces *impedimenta* forgés par le mauvais vouloir masculin, le cerveau de la femme s'est développé quand même. Il a fait preuve de génie en tout genre, en dépit des sourdines que mettent les hommes chaque fois qu'un esprit appartenant au sexe qui n'est pas le leur, émerge vaillamment à la surface. Et, du reste, que d'œuvres faites par des femmes et signées par des hommes! La femme a fait des découvertes, a inspiré des systèmes; et l'homme s'est parfaitement approprié le fruit de ses labeurs.

Ce qui n'empêche pas des physiologistes modernes, qui se donnent comme des expérimentateurs et qui ne sont que des subjectifs, ne reflétant dans leur esprit que ce que leurs ascendants y ont déposé, de ne chercher, par leurs études, qu'à corroborer plutôt les affirmations *à priori* des penseurs primitifs qu'à découvrir la vérité.

Lorsqu'on a des idées préconçues et un parti pris, les observations et les expériences auxquelles on se livre s'en ressentent. Désireux de justifier ce qu'on pense, on déduit ou on induit arbitrairement et on établit des hypothèses et des conclusions en l'air. Et, alors, dès qu'une théorie, qui se dit scientifique, affirme la légitimité des privilèges, ceux qui en profitent comme ceux qui la représentent — et dans le cas qui nous occupe, c'est la moitié de l'humanité — y applaudissent et l'acceptent comme pure vérité.

C'est ainsi qu'il a été considéré longtemps, comme indiscutable, que la femme ne possédait pas le germe de l'être, mais qu'elle ne faisait que le nourrir, le développer, comme la terre à l'égard du grain.

D'après cette donnée, l'homme fournit le système nerveux, la moelle épinière, le cerveau, enfin tout l'organisme intelligent; la femme, l'élément corporel ou mécanique. Que la femme donc renonce à aborder les hautes régions transcendantes et métaphysiques et les idées de généralisation et de synthèse. Sa structure cérébrale s'y refuse.

La science impartiale, par la bouche et la plume de Linné, de Buffon, et de tant d'autres, est venue démentir cette assertion fallacieuse.

Linné prête à l'élément féminin la formation du principe médullaire et du système nerveux, enfin les organes des facultés mentales.

Pour être francs, nous devons, tous, reconnaître que depuis cent cinquante ans, la physiologie nous promène de conjecture en conjecture; elle promet ce qu'elle ne tient pas; elle affirme ce qu'elle ne sait pas. Nous sommes fatigués de ce voyage à travers le cerveau. Tantôt, elle invoque le poids, tantôt elle invoque le volume, tantôt les circonvolutions et la substance grise. L'engouement se porte aujourd'hui vers les circonvolutions et la substance grise.

Rien ne nous prouve qu'on ne changera pas encore. Si les physiologistes étudiaient le mécanisme cérébral dans son activité, il serait possible d'ajouter foi à leurs opinions, mais ce mode d'investigation est impraticable; et comme, au repos, chaque lobe, chaque cellule n'a point d'étiquette qui en désigne la fonction, comment apprécier les ressorts qui sont en jeu? A vrai dire, les conditions de la pensée nous sont inconnues; nous ignorons, comme par le passé, les causes déterminantes et modificatrices de l'acte cérébral.

J'engage fortement les physiologistes à persister dans leurs études, ils y ont encore tout à apprendre.

Enfin voici venir les gens quasi-judicieux. Suivant eux, la physiologie, en effet, n'est pas assez sûre d'elle-même pour se prononcer; mais à première vue et à la simple observation des constitutions et des caractères des deux sexes, la différence qu'on en fait est immédiatement justifiée. La taille de l'homme est plus élevée que celle de de la femme; son appareil musculaire jouit d'une plus grande vigueur; cette supériorité s'étend sur tout l'organisme. L'homme est apte à concevoir et à accomplir ce que la femme ne peut exécuter ; l'homme représente la raison, la femme le sentiment; l'homme étonne par son génie, par la hardiesse de ses entreprises ; la femme séduit, touche, émeut par sa beauté, sa grâce, sa charité exquise.

De la femme sensible, sentimentale, à la femme ange, il n'y a qu'un pas : les femmes sont des anges.

Je ne connais pas les anges, je soupçonne assez volontiers qu'il existe quelque part des êtres mieux doués que nous, des êtres qui ont beaucoup plus de facultés et beaucoup moins de besoins. Seulement ces êtres ont des conditions d'existence différentes des nôtres : ils sont placés dans d'autres milieux. Ce que je sais, c'est que toutes les fois qu'un ange nous tombe ici, il est assez malmené.

Or, de tous les ennemis de la femme, je vous le déclare, les plus grands sont ceux qui prétendent que la femme est un ange : dire que la femme est un ange, c'est l'obliger d'une façon sentimentale et admirative, à tous les devoirs, et se réserver, à soi, tous les droits ; c'est sous-entendre que sa spécialité est l'effacement, la résignation, le sacrifice ; c'est lui insinuer que la plus grande gloire, que le plus grand bonheur de la femme, c'est de s'immoler pour ceux qu'elle aime ; c'est lui faire comprendre qu'on lui fournira *généreusement* toutes les occasions d'exercer ses aptitudes. C'est-à-dire qu'à l'absolutisme, elle répondra par la soumission, à la brutalité, par la douceur, à l'indifférence, par la tendresse, à l'inconstance, par la fidélité, à l'égoïsme, par le dévouement.

Devant cette longue énumération, je décline l'honneur d'être un ange. Je ne connais à personne le droit de me forcer à être dupe et victime. Le sacrifice de soi-même n'est pas une habitude, un usage, c'est un *extra ;* il ne fait pas partie du programme des devoirs. Aucun pouvoir n'a le droit de me l'imposer. De tous les actes, le sacrifice est le plus libre, et c'est parce qu'il est libre qu'il est d'autant admirable. Il peut arriver que je me dévoue pour un être que j'aime ; cet être est malheureux, souffrant, je cherche à adoucir son infortune en la partageant : je fais plus, s'il m'est possible, j'attire la calamité sur moi pour l'en préserver ; mais je n'ignore pas que cette personne qui m'est chère ne s'est point placée dans cette situation lamentable pour m'exploiter ; elle est elle-même victime involontaire ; tandis que moi, j'accomplis le sacrifice volontairement ; rien ne m'y oblige. Mais si de parti pris, de sang-froid, après délibération, vous m'exploitez à votre profit ; si vous me dites, en m'indiquant deux places : en voici une bonne, elle est pour moi ; celle-là est mauvaise, elle est pour vous, prenez-la donc. — Grand merci ! Je refuse. — Comment ! vous refusez ? mais pourtant vous êtes un ange ! — *Ange* vous-même !

On a cru se mettre d'accord avec l'équité en disant que l'homme a, en société, de plus grands devoirs à remplir que la femme, et qu'il était juste qu'il eût plus de droits ; qu'il ne fallait pas oublier que c'est lui qui soutient la famille et qui défend la patrie.

Dans le premier cas, on pourrait conclure que par son travail, l'homme pourvoit entièrement aux besoins de sa femme et de ses enfants. Nous démontrerons que cette affirmation est absolument fausse.

La femme dans le prolétariat travaille autant que l'homme. Comme lui, elle lutte pour l'existence et avec tous les désavantages, puisqu'à labeur égal et à égal mérite, elle reçoit un salaire infime ; ce qui la met le plus souvent dans la cruelle nécessité de se prostituer pour vivre.

Les travaux les plus dangereux ne lui sont pas épargnés. Nous la voyons dans les fabriques de produits chimiques où elle gagne la nécrose ; dans les cartoucheries, les capsuleries, dans les mines risquant le grisou, les explosions. A la campagne, elle cultive la terre, la bine et souvent même fait marcher la charrue.

A la ville, elle passe des nuits, use ses yeux sur des objets de couture dérisoirement payés. De plus, elle raccommode la famille, fait le ménage, va au lavoir. Là où l'homme trouve quelque temps de repos, la femme ne s'arrête pas.

Et dans les classes plus élevées, si la femme n'apporte pas sa collaboration active, elle achète à l'homme son droit à l'oisiveté par une forte dot et la perspective d'un brillant héritage. Elle est donc, au contraire, la victime de l'exploitation masculine.

Dans le second cas qui a trait à la défense de la patrie, je ferai observer que, jusqu'ici, ceux qui ont défendu la patrie sont en nombre absolument restreint, relativement à ceux qui restent dans leurs foyers. Nous ajouterons aussi que la condition de défendre la patrie n'est pas la condition *sine qua non* de l'obtention du droit, puisque tous les individus dont la santé est débile et qui sont, par ce fait, exemptés du service militaire, n'en jouissent pas moins de l'intégrité de leurs droits. Ensuite, ne sommes-nous pas autorisées à opposer au service militaire la fonction maternelle, où la femme, pour transmettre la vie, risque de perdre la sienne ? Et qu'on réfléchisse qu'il y a plus de femmes mères qu'il n'y a d'hommes soldats. La maternité offre donc pour la femme plus d'occasions de mort que la guerre n'en offre pour l'homme.

Mais les intéressés se gardent bien de s'arrêter à ces raisons plausibles, ils font semblant de ne pas entendre et continuent à dessein de déplacer la question. C'est ainsi qu'ils objectent insidieusement que l'union de l'homme et de la femme se base sur des différences. Chaque sexe recherche l'autre pour y trouver les qualités qui lui manquent ; faire disparaître ces différences, c'est substituer le trouble à l'harmonie ; dès qu'il y aura mêmes prétentions, il y aura compétition, c'est-à-dire rivalité, antagonisme.

Je réponds à cela : l'harmonie morale du couple gît tout entière dans des similitudes d'esprit et d'éducation, et non dans des différences. Toute affection ne se forme, ne se développe, ne se maintient que par la communion des sentiments, des opinions, du savoir. Si les différences physiques sont indispensables pour l'union matérielle, les différences intellectuelles sont pernicieuses pour le lien moral. Aussi, les différences qu'offrent les deux sexes sont-elles, en réalité, plus formelles qu'essentielles.

L'infériorité des femmes n'est pas un fait de la nature, nous le répétons, c'est une invention humaine, c'est une fiction sociale.

Nos adversaires ajoutent encore ceci à ce quatrième argument :

« En empiétant, disent-ils, sur les attributs de l'homme, en s'appropriant une éducation forte, la femme fausse sa nature, elle se virilise ; partant de là, elle perd de ses charmes et de son attrait. » — Quoi ! une intelligence cultivée, quoi ! une certaine somme de connaissances acquises ; quoi ! une haute raison se reflétant sur la physionomie enlaidiront un charmant visage ! Jusqu'à présent, on avait cru le contraire. Comment ! la raison, la science, diminueraient la beauté !

Ce qui fait illusion à la femme, c'est l'hommage extérieur souvent servile rendu à sa jeunesse et à sa beauté.

La beauté ne semble-t-elle pas être l'enveloppe, la manifestation, le rayonnement extérieur du génie ? Le jour où un grand esprit ne reçoit en partage qu'un physique défectueux, chacun ne voit dans ce contraste qu'une contradiction et qu'une parcimonie de la nature.

Parvenue à ce point, il nous reste à réfuter un dernier argument ; le voici : Ce n'est qu'une minime fraction des femmes qui réclament et qui se révoltent contre l'ordre établi, alors que la généralité, moins turbulente et plus sensée, l'accepte, le trouve conforme à la justice et condamne toute tentative de changement à cet égard.

Cet argument est complètement faux. Jamais la femme ne s'est résignée à subir le joug, elle a constamment protesté. Sous ces dehors de grâce, d'affabilité, de douceur, de politesse échangée, de coquetterie, de courtoisie, se cache un antagonisme profond, réel. Depuis le commencement du monde et la formation des sociétés, la femme joue le rôle d'insurgée; rien de plus logique. Lorsqu'on viole la justice et le droit, le droit et la justice ne sont pas anéantis pour cela, ils reparaissent sous la forme insurrectionnelle et révolutionnaire. L'ambition de la femme est de tourner, d'annuler la loi qui est contre elle ; l'œuvre de sa vie, c'est la conquête de l'homme ; elle y emploie sa jeunesse, sa beauté, toute la finesse de son esprit ; ce qu'elle convoite, c'est de métamorphoser ce maître en esclave. La voyez-vous, cette jeune fiancée, si douce, si naïve, si touchante sous son voile blanc ? Eh bien ! pendant qu'elle fait son serment d'obéissance devant M. le maire ou M. le curé, intérieurement, elle se promet bien de n'en point tenir compte et de le violer au premier jour. Le grand triomphe de la femme, c'est de mener un homme. Son orgueil est satisfait quand elle peut dire : « Voyez ce tyran, ce despote, ce dominateur, il obéit à mes ordres, à mes moindres caprices. »

Ah ! la chose est moins plaisante que vous ne le pensez ; il est parfois de cruelles représailles. C'est qu'en vérité, il existe une loi naturelle, immuable, qu'il n'est donné à personne de changer ; loi par laquelle chaque être recherche les conditions favorables à son développement ; loi en vertu de laquelle il tend par toutes ses forces à exercer ses facultés et à épuiser sa seve, physiquement et moralement. Il est contre nature qu'un individu se diminue sciemment, s'amoindrisse volontairement ; ses prétentions, au contraire, sont plutôt au-dessus de ses moyens. Il est contre nature qu'un être raisonnable abdique les plus nobles attributs de l'humanité ; il est contre nature qu'il abandonne ce qui constitue sa dignité, sa supériorité sur toutes les autres espèces ; en un mot, son autonomie. Dans l'économie physique de l'univers, aucun élément n'est sans emploi, aucune force n'est perdue. Dans l'univers moral, l'économie doit être la même : aucune force ne doit être sans emploi, aucune faculté ne doit être perdue.

Eh bien ! dans notre ordre social, la femme est une force perdue ; elle n'a point donné tout ce qu'elle peut ; elle n'est point allée, comme nous l'avons fait observer tout à l'heure, jusqu'au bout de sa raison

Sans doute, les ennemis de ce mouvement ne manquent pas de donner une définition fallacieuse du mot liberté et émancipation. Ils s'efforcent de le rendre synonyme de licence, de désordre, de dévergondage. Heureusement que cette mauvaise foi ne peut nous faire illusion ; on n'a rien à nous apprendre sur le sens du mot liberté. La liberté n'est pas le droit de faire tout ce qu'on veut et tout ce qu'on peut ; elle donne la possibilité d'exercer ses facultés sans nuire à l'essor des facultés du prochain.

Maintenant quant à cette émancipation qui n'est que la licence et le désordre, nous l'avons depuis longtemps. La société nous fournit, à profusion, tous les moyens de nous perdre. Si nous ne sommes point en puissance de maris, nous pouvons nous livrer à toutes les folies ; nous pouvons donner le spectacle de tous les scandales ; nous sommes autorisées même à rouler jusqu'au dernier degré de l'abjection : le trafic de la personne humaine.

Notre société est si sagement organisée qu'elle laisse toute l'action et l'influence à la femme de mauvaises mœurs, et aucune à la femme de bien.

Qu'une femme monte sur des tréteaux, qu'elle démoralise, qu'elle déprave, qu'elle corrompe le public par sa tenue, ses gestes, ses propos, elle recueille des encouragements, des applaudissements; on lui fera des ovations de tous les coins de l'univers; on viendra pour l'entendre; on la déclarera même une grande *artiste*, une *diva*.

Mais qu'une femme monte sur une estrade pour parler morale et vertu, toutes les railleries se tournent contre elle. Je me demande si l'on ne serait pas moins insensé à Charenton. Quand il me tombe sous les yeux ces critiques, ces persiflages, ces épigrammes, lancés à l'adresse des femmes, je m'étonne que des gens qui se piquent de bon sens et qui ont la prétention d'éclairer les autres, se complaisent à soutenir ces idées vieillottes et à se ranger dans le camp des caducs et des surannés; je m'en afflige pour eux, je les trouve au moins très imprudents. Je leur demanderais très volontiers : « Mais vous êtes donc des générations spontanées? vous êtes donc nés à la façon des rotifères et des infusoires? vous êtes donc venus au monde sans mère? » Car il me semble maladroit, absurde de parler avec tant de mépris d'un sexe qui entre pour la moitié dans votre façon.

Tant qu'un seul intérêt sera lésé, il n'y aura pas de droit ; le régime du privilège ne cessera d'être en vigueur, et le perfectionnement social sera indéfiniment retardé.

LA FEMME ET LES MOEURS

MESSIEURS, MESDAMES,

Notre premier entretien n'a été qu'un exposé synthétique des motifs qui ont déterminé la subordination de la femme dans l'humanité.

Ces motifs, d'essence égoïste et brutale, se sont déguisés sous l'apparence du dogmatisme religieux, de la philosophie, voire même de la science, car pour être savant, on n'en est pas moins homme. Donc, ceux qui veulent pénétrer les lois de la nature, étant imbus de préjugés séculaires, préjugés qui flattent leur vanité, ont bien plutôt cherché, dans l'étude des organismes humains, à les légitimer qu'à les détruire.

C'est ainsi qu'ils ont décrété, *à priori*, la supériorité du principe mâle dans l'acte générateur, supériorité comprenant toutes les créations d'ordre moral et intellectuel. Cette conclusion hâtive et inexacte, faite par des esprits prévenus, a établi et consacré la hiérarchie dans les rapports des deux sexes. Or, de la nature hiérarchique ou égalitaire des rapports établis entre l'homme et la femme, dépend l'état des mœurs de l'individu, de la famille et de la société.

Les nécessités génésiques déterminent l'union des sexes, qui est, elle-même, la première manifestation de l'association sans laquelle rien ne se reproduit et rien ne dure.

C'est le groupe initial et le prototype irréductible de toute collectivité organisée mais s'il n'y a pas entre les deux facteurs de l'humanité parité de droits, de devoirs, réciprocité d'obligations ; si leur attitude respective n'est pas conforme à la justice ; si l'un des deux empiète sur l'autre et impose sa suprématie, le privilège s'installe dès l'origine et se reproduit à tous les degrés de la mécanique sociale.

Qu'est-ce qu'un privilège ?

La dispensation d'un devoir ; en conséquence, une atteinte portée au droit d'autrui. Cet abaissement anormal et systématique de l'un des deux éléments constitutifs de l'humanité, engendre deux morales qui se neutralisent l'une par l'autre.

L'homme s'étant attribué exclusivement le rôle de générateur et de créateur, s'est arrogé le droit de donner des lois, de rédiger des codes, des statuts, des règlements et de pratiquer, en raison de sa puissance prolifique, incessamment active et dont il dit être seul possesseur, les amours libres. De toutes les prérogatives qu'il s'est octroyées, celle-là lui est peut-être le plus chère. Mais comme l'homme, guidé par l'arbitraire de la passion et de la domination, est absolument illogique, il refuse la réciproque à la femme qu'il contraint à rester vierge dans le célibat, et chaste dans le mariage sous peine d'être l'objet de la déconsidération, du mépris public et de la sévérité des lois ; l'homme, sans scrupule, laissant à la femme, en cas d'infraction commise de compte à demi avec lui, toute la responsabilité de la faute.

Les hommes se font même gloire d'afficher, à cet égard, jusqu'à l'intempérance. Il leur semble que la réserve dans la conduite n'est qu'une preuve de pauvreté du sang et de débilité constitutionnelle. Comment alors l'homme professera-t-il des mœurs libres, si elles sont interdites aux femmes ?

Les mœurs libres n'existant que par le consentement mutuel des deux sexes et la concordance de leurs attractions, la chasteté des femmes ne pourra avoir pour garantie que la retenue des hommes. Il s'ensuit que si les hommes, vu l'ardeur de leur tempérament, se croient autorisés à satisfaire leur passion et à céder à l'entraînement de leurs sens, sans avoir cure des prescriptions de la loi, les femmes devront agir de même.

Si, au contraire, les femmes prennent en souci ce que le monde légal exige d'elles, et qu'elles restent pures étant jeunes filles et fidèles étant épouses, voici que les hommes seront réduits, bon gré mal gré, à pratiquer la vertu.

Mais, réplique-t-on, la chasteté est impossible aux hommes : la plupart seraient poussés à la folie, même au crime.

Ainsi, dans cette singulière organisation, quelque parti que l'on prenne, l'un des deux sexes se trouve toujours frustré.

Tel est le dernier mot de notre société.

Peut-être pourrait-on éviter ces terribles extrémités en hâtant l'époque du mariage.

Non; répond-on, l'arrangement de notre société est contraire à cette mesure. D'autres ont l'aplomb d'affirmer que la monogamie est insuffisante pour l'homme.

En ce cas, il ne resterait plus qu'à proclamer l'amour libre en même temps que l'égalité des deux sexes, et la responsabilité des individus.

L'Orient s'est efforcé, à son détriment, de résoudre le problème en instituant la polygamie, autrement dit la pluralité des femmes qu'il serait plus exact d'appeler polygynie, puisque celles-ci ne jouissent pas de l'avantage polygame. Cette polygynie s'obtient au moyen de la séquestration des femmes, regardées comme têtes de bétail, et de la mutilation de leurs gardiens. Ces procédés inouïs et sauvages, sont autant de violations de la personne humaine.

Il résulte de cette promiscuité féminine, constamment exaspérée par une vaine attente, et de la compagnie de ces êtres dépouillés de leur caractère sexuel, des actes contre nature bien capables de soulever le dégoût ; et des haines terribles engendrées par la rivalité.

Comme justification de cette législation barbare, on argue que les femmes étant en plus grand nombre que les hommes, il est nécessaire que ceux-ci fassent multiple emploi. Cette assertion est absurde. S'il naît plus de femmes, c'est qu'il en meurt davantage ; les fonctions de leur organisme étant plus compliquées et provoquant des accidents morbides dont l'autre sexe est indemne. Du reste, cette natalité plus considérable soi-disant dans certaines contrées, a pour contre-poids le contraire ailleurs ; de telle sorte que s'il y a surabondance d'un côté, il y a chômage de l'autre. Dans quelques parties de l'Amérique, l'élément féminin fait défaut; de sorte qu'on recourt à l'importation. Il arrive aussi que, pour les motifs les plus honteux, on organise la traite des blanches ; et que de nombreux établissements, lèpre de notre civilisation et son éternel opprobre, cherchent, à des sources exotiques, des *sujets* variés, susceptibles de raviver les désirs et les *possibilités* de leur clientèle réduite au dernier degré de l'exténuation.

L'Occident, tout en pratiquant légalement et officiellement la monogamie, autorise, néanmoins, tout homme à user de la polygamie occulte et même ostensible, tout en méprisant les femmes qui s'y prêtent. Ainsi donc, depuis des temps immémoriaux, la société pivote sur deux règles qui s'excluent et deux codes qui s'annulent. La moitié de l'humanité condamne d'une part ce qu'elle provoque de l'autre.

L'homme a établi une loi et il passe sa vie à la transgresser. Il impose aux femmes une vertu rigide, et, par mille moyens, il essaye de la leur faire perdre.

A cet effet, il organise tout un système de corruption, et il y associe la loi et la police pour sa sécurité personnelle. De cette sorte, la prostitution est instituée ; autrement dit, la femme au service de tout homme, à toute heure.

La prostitution, une fois admise et approuvée comme

établissement d'utilité publique, force est bien d'accepter tout le personnel qu'elle comporte.

L'Orient a ses eunuques, l'Occident ses souteneurs ; deux spécimens dégradés, l'un physiquement, l'autre moralement, et qui se confondent dans la même indignité. Quel est donc l'état des mœurs ? En réalité, il n'y a pas de mœurs : il y a confusion, incohérence, contradiction.

Que doit-on entendre par mœurs ? L'usage de la vie, la manière normale d'être envers les personnes et les choses, conformément aux lois de la nature, et à certains principes supérieurs de justice. Malheureusement, ces principes supérieurs sont absolument noyés dans des préjugés transmis d'âge en âge, de génération en génération ; préjugés invétérés que la science n'a pas encore fait disparaître, puisqu'elle a même essayé de les légitimer. La méthode expérimentale l'a empêchée de continuer dans cette voie.

La société contient donc, sous une surface brillante, tous les germes de désordre et de décomposition.

Cette distribution anormale des rôles, cette répartition inique des fonctions et des responsabilités ne peut amener que le gâchis.

En résumé, la société n'a pas d'assise : rien ne peut s'édifier sur la contradiction. Et il se trouve que la règle n'est qu'un dérèglement.

Ce qu'il y a de curieux, c'est que tout en ne cessant de répéter que la femme est un être faible en volonté, en caractère, en raison, qu'elle est toute de sensibilité, d'impressionnabilité et d'imagination, on lui impose l'exercice d'une vertu qui doit être le plus contraire à la nature qu'on lui prête. Cette vertu ayant pour objet de combattre les attractions les plus irrésistibles, exige, à l'inverse, une force militante des plus développées. C'est une contradiction de plus à enregistrer avec les autres.

Tel est donc le dilemme : ou les femmes déchues ou les hommes criminels. Pour en sortir, on s'est arrêté à une sorte de compromis.

On a imaginé que sur la totalité des femmes, une notable partie, faute de surveillance, de protection dans l'enfance et dans la jeunesse, et faute de moyens d'existence, car la prétendue infériorité physique et morale de la femme ne lui vaut que des travaux subalternes et mal rétribués, cette notable partie, répétons-nous, abandonnée et poussée à bout par la misère, finirait par fournir un personnel suffisant à la dépravation masculine; de façon que l'autre partie serait exclusivement réservée à la vertu.

Voici donc une société si sagement et si savamment organisée que l'honneur des unes est fondé sur le déshonneur des autres!

D'après cet arrangement, la pureté des mœurs chez la femme est de toutes les vertus celle qu'on ne peut généraliser; elle n'est que l'attribut d'une certaine classe; elle est circonscrite et ne doit pas sortir de son cercle; car si elle s'étendait de plus en plus, que deviendraient les hommes? Qu'est-ce donc qu'une vertu qu'il est imprudent de généraliser?

Nous ne doutons pas une minute de la nécessité qu'il n'y ait d'augmenter le chiffre des gens probes, loyaux, dévoués; nous certifions même qu'il y aurait là des garanties de progrès. A l'encontre, quand il s'agit d'augmenter indéfiniment le nombre des femmes vertueuses, on entrevoit tout de suite une perturbation et un trouble dans l'économie générale.

Il résulte de cet état de choses, scandaleusement contradictoire, que la généralité des femmes appartenant au prolétariat — cette classe étant la plus nombreuse — offre des proies faciles à saisir au vice éhonté. Qui osera soutenir, en effet, que des enfants, des fillettes, opprimées et déprimées par l'ignorance, la misère, les mauvais exemples et exposées à toute heure aux contacts de la rue, puissent opposer une résistance aux sollicitations de la dépravation expérimentée et professionnelle?

La nomenclature de ces victimes, fatalement vouées à

l'ignominie, se recrute parmi les ouvrières des campagnes et surtout parmi celles des villes, employées dans les fabriques, les usines, les mines, les ateliers; les domestiques, les employées de commerce, les demoiselles de magasin; les artistes musiciennes, peintres, chanteuses, actrices, professeurs, institutrices privées.

Toutes isolées, sans défense, elles sont livrées aux illusions du cœur, de l'imagination et tentées aussi par l'appât des plaisirs; le spectacle d'un cynique dévergondage les rend, au fur et à mesure, sceptiques sur les mérites de la vertu. Peu, relativement, ne cèdent pas à l'entraînement; la loi naturelle les y poussant et bien souvent aussi leur intérêt; car elles n'arrivent à rien sans concession de pudeur. Quand un chef d'atelier, un patron, un administrateur, un directeur de théâtre se sont mis en tête de posséder une femme, ils ne lui accorderont rien, l'évinceront même, si elle repousse leurs vœux. Si, dans ces conditions, une femme s'obstine à ne point quitter la ligne droite, si elle ne transige pas, elle peut se persuader, à l'avance, que quels que soient son talent, son mérite, elle n'obtiendra que la dernière place, et encore si elle y arrive.

L'homme s'étant approprié les hautes positions, est maître; et toute femme qui veut parvenir doit lui céder ou renoncer. J'aurais des milliers d'exemples à citer.

La femme qui doit vivre de son travail en est réduite à cette dure extrémité. Dans ce singulier milieu, les quatre cinquièmes ont forcément des irrégularités de conduite; et, quand quelques-unes arrivent au mariage, elles l'ont presque toujours devancé. Dans tous les pays occidentaux les choses se passent ainsi.

C'est alors à la classe bourgeoise qu'est réservé l'insigne honneur de compter le plus de femmes honnêtes; seulement, c'est celle qui contient le moins d'individus. Dans cette catégorie, les filles étant dotées et comptant sur un héritage, ont un avenir assuré et sont dispensées de pourvoir à leur existence en exerçant un état. Elles restent au foyer, sont gardées à vue et ne sortent qu'escortées. Celles-ci, évidemment, peuvent, sans grands efforts, se présenter immaculées devant M. le maire, en attendant qu'un peu plus tard, le délaissement marital, le dégoût du ménage ou l'ambition, ne les fasse sortir de la norme. Ce partage de la société en régulières et irrégulières est naturellement factice ; et les limites qui doivent séparer les deux camps sont plus d'une fois franchies. L'immoralité se fait jour par mille issues et donne tous ses phénomènes malfaisants ; les drames de la jalousie, de l'abandon, de l'avortement, de l'infanticide, du suicide avec accompagnement de vitriol, de revolver et de poignard, pullulent dans les feuilles publiques. Ces cas deviennent si fréquents qu'ils épouvantent les esprits.

S'il entrait un peu plus de logique dans la cervelle humaine, on ne verrait dans tous ces faits criminels que les conséquences fatales de la distribution inique des droits et des devoirs.

Et, cependant, comment expliquer sur ce point l'aveuglement de tant de grands penseurs ?

Montesquieu affirme : « qu'il y a tant d'imperfections attachées à la perte de la vertu des femmes, que toute leur âme en est dégradée. Ce point principal ôté en fait tomber tant d'autres, que l'on peut regarder dans un état l'incontinence publique comme le dernier des malheurs et la certitude d'un changement dans la constitution ».

Pourquoi Montesquieu n'a-t-il parlé que de la vertu des femmes ? Par quelle étrange omission a-t-il passé sous silence celle des hommes ?

L'incontinence publique ne peut exister que par la dépravation des deux sexes ; une faible minorité de femmes échappera seule à la contagion générale ; à moins que ces messieurs, ne pouvant régler leurs mœurs, ne se *plaisent* entre eux !

De la licence des hommes résulte le trouble dans l'individu, dans la famille et dans la société ; et, par suite, la stérilité physique, intellectuelle et morale, éléments de dégénérescence.

Qui s'insurgera contre cet ordre de choses?

Qui se portera défenseur de la vertu et de la justice?

Quels seront les organes éloquents et convaincus de la nécessité de la règle dans les mœurs?

A coup sûr, ce seront les femmes honnêtes, les femmes vertueuses.

N'est-ce pas à elles de soutenir et de propager les principes qu'elles professent ?

Que font-elles ? Rien.

Pourquoi ?

Nous allons le dire.

Nous avons démontré que la hiérarchie établie entre les deux sexes avait produit deux morales. Nous allons voir que les deux morales impliquent forcément deux éducations.

L'homme s'étant déclaré supérieur, physiquement et moralement, en a déduit que son cerveau pouvait seul aborder les hautes études et résoudre les grands problèmes; tandis que la femme, dont l'appareil cérébral est défectueux, doit accepter, sans examen, les jugements portés par le sexe mieux doué que le sien.

Il a donc soigneusement banni de l'enseignement féminin la philosophie et la science, et n'est même pas allé aussi loin que Clitandre.

« Je consens qu'une femme ait des clartés de tout. »

En fait d'idées générales et surtout de notions élevées, la femme en est restée à la religion, rabaissée par les sacerdoces, à la superstition, aux préjugés, à l'erreur. Ses facultés mentales ne s'exerçant que dans un cycle restreint et faux, la femme accepte, sans s'y appesantir, les contradictions les plus flagrantes et les iniquités les plus formidables.

Elle peut pratiquer l'honnêteté sous le rapport des mœurs sans en avoir la théorie supérieure. Grâce à cette instruction superficielle et erronée qu'elle reçoit, elle continue les traditions, les habitudes qu'on lui a transmises sans avoir souci de les reviser par une saine critique. De sorte que, loin de protester, de se révolter contre ce compromis odieux, aussi humiliant pour elle que pour les autres, elle le sanctionne et base la condition de sa bonne réputation sur l'abjection de ses semblables.

Il n'est pas de jeunes filles qui, en se mariant, ne sachent que les époux qu'elles agréent aient connu plusieurs femmes avant elles. Loin de s'indigner, elles trouvent cela tout naturel; elles y voient, pour elles-mêmes, une condition de sécurité.

Ainsi donc, nous ne saurions trop appuyer, les femmes font plus que tolérer la prostitution, elles l'approuvent. Elles voient de sang-froid leurs pareilles condamnées à la plus inqualifiable dégradation : l'esclavage de la chair — et elles estiment, quand même, ceux en faveur desquels cette dégradation est instituée.

Quoi de plus simple, à leurs yeux, qu'il se rencontre, dans des classes inférieures à la leur, des filles de bonne volonté pour faire patienter leurs fiancés !

Les jeunes filles élevées dans ce milieu dont l'éthique est équivoque sont excusables. Mais que des mères, expérimentées et honnêtes pour elles-mêmes, applaudissent aux exploits érotiques de messieurs leurs fils, afin qu'ils aient tout le temps de se faire une position et d'épouser, plus tard, une riche héritière, c'est ce qui ne peut s'admettre en morale. Lorsque les mères ont de si lâches complaisances pour leurs rejetons mâles, comment ne se sont-elles pas demandé, en voyant défiler devant elles le triste cortège des enfants trouvés, s'il n'y aurait pas, par hasard, parmi ces petits abandonnés, quelques petits-fils reniés à dessein : la recherche de la paternité étant interdite.

En conséquence, elles jugent très sage de prendre de préférence un gendre ayant largement vécu. Elles se persuadent que cet homme, qui a usé et abusé de sa jeunesse et de celle des autres, est revenu de toutes ses folies et qu'il demeurera désormais acquis à la vie régulière ; elles se félicitent par ce choix *heureux* d'avoir assuré l'avenir de leurs filles.

Ainsi, quand elles rencontrent des malheureuses descendues au dernier degré de l'abjection, elles se disent, intérieurement, satisfaites de leur conscience : « il faut qu'il y en ait comme cela ! »

Si tel est le langage des femmes vertueuses, que penser de la vertu ! La vertu — *virtus* loin d'être passive est une force qui, ainsi que toute autre force, doit agir ; la force morale comme la force physique est active et détermine l'acte.

Il ne s'agit pas seulement, quand on se dit vertueuse, de n'appliquer la vertu que pour soi ; il faut encore, dans la mesure de ses moyens, empêcher qu'un acte d'immoralité ne s'accomplisse. Il y a loin de là à l'encourager. Toute femme doit se dire : « Puisque la vertu est nécessaire à la femme, elle doit être nécessaire à toutes. » Car s'il arrivait qu'une femme pût se passer de vertu, toutes les autres pourraient s'en passer aussi.

La pureté des mœurs ne peut être envisagée comme un état spécial propre seulement à un nombre restreint d'individus, mais bien comme une règle que tous doivent observer. La science entame tous les jours, par ses incessantes découvertes, les préjugés, les idées préconçues. Elle replace les choses sous le jour de la raison et de l'expérience, et en détermine la valeur. Il se dégage de ce travail une morale unique, basée sur la connaissance de soi-même et de l'univers, favorable à notre développement, à notre progrès, à notre conservation, et qui est la juste expression des rapports établis entre les êtres.

Mais cette conception haute, faute d'une vulgarisation étendue, n'a pas encore pénétré dans tous les esprits ; les hommes étant convaincus qu'ils n'ont aucun intérêt à la répandre. Le plus étonnant, c'est que la femme, qui a tout avantage à bien l'accueillir, fasse partie de ceux qui y résistent.

L'exiguïté de son savoir a produit l'étroitesse de ses vues.

Victime d'une crédulité notoire qui lui a été imposée par ses éducateurs, elle a fini par se figurer que l'ordre social était ainsi préparé pour sa plus grande gloire.

Elevée avec réserve dans la famille, soustraite à tous les périls qu'encourt toujours la jeunesse quand elle est sans mentor, elle s'est imaginé que les respects, les égards, le mariage, en d'autres termes les liens indissolubles, les affections solides étaient exclusivement son partage, et elle ne s'est nullement scandalisée de cette répartition arbitraire.

Avant de se conférer le mérite qui n'est pas dû à elle, mais à sa situation, elle ferait bien d'établir une comparaison entre sa vie paisible, protégée, garantie, et celle de ses pareilles aux prises avec tous les besoins et les hasards de l'existence.

Mais les choses sur lesquelles on compte le plus n'arrivent pas toujours, surtout lorsqu'on ne base pas ses calculs sur la justice.

La majorité des femmes n'a point consenti à cet arrangement. Elle ne s'est point résignée à être souillée, méprisée, abandonnée, pour complaire à cette fraction privilégiée.

Quelle est donc la créature assez abaissée, assez ennemie d'elle-même pour consentir à servir de jouet à une autre ? Si elle y acquiesce jamais, c'est qu'elle a en perspective une satisfaction ou un gain.

A leur grand étonnement, les femmes honnêtes voient, depuis des siècles, s'accomplir le contraire de ce qu'elles attendaient. Elles ont pensé, en vain, qu'en raison de leur conduite irréprochable, elles seraient l'objet des préférences.

Elles n'ont pas douté que, mises en parallèle avec les

femmes légères, tout l'avantage ne leur revînt. Malheureusement, les faits ont démenti leurs prévisions.

Tant qu'il ne s'agit que de ces pauvres filles sans garde, sans soutien, séduites de bonne heure, délaissées et placées dans cette alternative du suicide ou de l'avortement et de l'emprisonnement à Saint-Lazare, les femmes honnêtes se rassurent et demeurent parfaitement tranquilles ; tout étant pour le mieux dans le meilleur des mondes possibles. Mais elles en jugent tout autrement quand il est question de la courtisane. C'est qu'en vérité la courtisane leur fait une redoutable concurrence. Celle-ci, soit par des circonstances fortuites, soit par son habileté personnelle, s'introduit dans les milieux les plus favorables à une exhibition tapageuse, susceptible de lui attirer l'attention publique, le succès et la renommée. Il suffit que son ignorance ne soit pas crasse, que son intelligence soit vive, pour qu'elle s'assimile quelque chose de son entourage littéraire, artistique, voire même politique ; et sache avoir, à l'occasion, la riposte et l'à-propos aidés par une grande liberté de langage. Tout comme il y a des hommes qui naissent jouisseurs, agioteurs, intrigants, il est des femmes qui naissent courtisanes ; d'autres le deviennent.

On se tromperait grossièrement si l'on pensait que les premières ne se trouvent que dans une certaine classe de la société. On en rencontre dans toutes. Ce sont celles-ci qui, bien que légalement posées dans le monde, n'emploient pas moins *incognito* la méthode *hétaïrique* à leur profit et à celui des leurs.

La courtisane fait autour de la femme honnête le vide et l'isolement. C'est ainsi qu'elle prend sa revanche. Ce que la société lui préparait de déboires, elle le retourne contre la société. Elle capte les fiancés, les maris, les fils, les pères. Elle s'empare des fortunes, gaspille, ruine et fait disparaître ce qui devait constituer la dot et l'héritage des enfants légitimes. L'industrie, l'art, ne travaillent, en grande partie, que pour elle.

Et ce qui est pis, elle sait donner à tous ceux qui la fréquentent le dégoût des salons orthodoxes. C'est à peine si les hommes distingués, cédant aux nécessités de leur position et aux convenances du monde, font une apparition dans ceux-là ; les formalités de bienséance une fois remplies, ils retournent aux autres.

La courtisane, comme aux temps de la Grèce et de Rome, exerce encore toutes les influences; car aujourd'hui comme à Athènes, c'est elle qui prépare l'avenir : ne dispose-t-elle pas de la jeunesse ?

La presse ne s'occupe que d'elle; la chronique entretient le public de ses moindres particularités. Le roman, le théâtre, cette puissance exorbitante, qui va se développant sans cesse, n'a rien de rassurant pour la vie légale et régulière : l'hétaïre y tient toute la place ou du moins obtient la prépondérance. Mais le comble de l'humiliation pour la femme honnête, est de voir la fille réputée perdue se faire épouser et richement encore; tandis que la fille honnête, née d'une mère honnête, ne trouve aucun établissement si elle n'est pourvue d'une grosse dot. En réalité, les femmes honnêtes s'aperçoivent, non sans dépit, qu'on ne les recherche que le jour où l'on a besoin d'argent pour payer une charge, une étude, un cautionnement, un fonds de commerce, ou bien encore pour se procurer de grandes relations, ou remettre une santé délabrée à la suite d'excès.

Qu'on ne croie pas que ces pauvres femmes s'accommodent du rôle qui leur échoit. Elles s'irritent sans se rendre compte de ce qui produit leur défaveur et le peu d'action qu'elles ont sur le monde.

Ne poursuivant pas assez profondément un raisonnement faute d'une préparation antérieure et du mécanisme de la logique, elles se trompent sur les causes qui déterminent cet état moral. Parfois, elles accusent la vertu d'impuissance.

Elles essaient alors de reconstituer leur empire. Elles

engagent la lutte, et c'est sur le terrain de leurs rivales qu'elles se placent. Tout en tenant encore à la vertu par le fond, elles travaillent à en rejeter la forme. Par cette tactique, elles se figurent triompher de leurs adversaires en en empruntant les propres armes, et c'est le contraire qui se produit. Elles deviennent imitatrices, en conséquence inférieures, doublement inférieures, ayant toujours quelque chose à ménager dont n'ont cure celles qu'elles copient.

La femme honnête a laissé tomber de sa mémoire les enseignements de l'histoire, sans quoi elle serait moins surprise de ce qui lui advient. Elle se souviendrait que Périclès quitta sa femme vertueuse pour s'attacher à Aspasie; qu'Antoine délaissa l'estimable Octavie pour courir après Cléopâtre; que Galsuinthe fut étranglée par les ordres de Frédégonde, maîtresse du roi, son mari; que dans des temps beaucoup plus voisins, Louis XIV et Louis XV ruinaient la France, pour fêter leurs maîtresses; et que madame de Pompadour recevait l'hommage de toutes les puissances, tandis que la reine Marie Leczinska pleurait isolée à Trianon. Et si elle observait autour d'elle, elle constaterait des faits identiques.

Rien n'est donc changé en cette matière. Elle n'aurait qu'à protester et réagir. Mais, toujours en tutelle, mineure à perpétuité, elle a fait de la vertu une négation et une résignation. Devant une pareille vertu, le vice, qui ne devrait être qu'une difformité, devient une énergie, une puissance. Il a le champ libre. La nullité, l'effacement de son antagoniste lui permet de se rendre maître de la situation ; il ne rencontre pas d'opposition sérieuse.

Le théâtre vient corroborer ce jugement ; observateur attentif de la vie réelle, voyant dans les actes individuels et dans les faits, un élément scénique, il nous représente les personnages chargés de figurer la vertu ; et tous, sans exception, sont plus sots les uns que les autres.

Sans perspicacité, sans vigueur, sans dignité, ils ne

voient rien, ne soupçonnent rien, n'empêchent rien et acceptent tout.

Prenez les succès contemporains : *Les Filles de Marbre*, *Dalila*, et tout récemment *Le Supplice d'une Femme*, et *Paul Forestier*, et vous pourrez vérifier l'exactitude de mon dire.

Dans le *Supplice d'une Femme*, comme nouveauté, c'est le mari qui représente la vertu et la fidélité au devoir. Quant à l'héroïne, rien de plus méprisable. Infidèle à son mari, infidèle à son amant, on se demande en quoi elle peut intéresser le public. Mais heureusement, pour la pièce et pour l'auteur, le public est si bien dressé par les deux morales, que c'est justement ce personnage qui captive le plus son attention ; il partage ses émotions, ses angoisses, et lui accorde toutes ses sympathies. C'est que cette femme, aimée simultanément par deux hommes, à un tel degré d'intensité, surexcite son imagination et stimule ses désirs. Que revient-il au mari trompé de ses belles qualités, de sa noblesse de caractère, de son dévouement, très mal placé, il faut en convenir ? le déshonneur dans sa maison et la ruine. Le procédé qu'il emploie pour se venger est, en vérité, des plus ingénieux ; il condamne les coupables à l'ingratitude. Il me semble qu'ils n'avaient pas attendu son verdict, qu'ils avaient pris les devants, et l'avaient largement pratiquée.

Dans cette pièce, le seul condamné est celui qui condamne.

Quant à *Paul Forestier*, tous les rôles à prétentions morales y sont absolument naïfs. Nous y rencontrons un père tirade, sentencieux, prudhommesque, dénué de toute sagacité et qui, par sa soi-disant prudence, va tout gâter. A côté de lui, la plus stupide des ingénues ; il est vrai qu'elle sort du couvent, ce qui peut lui servir d'excuse. Si Mme de Clers, la femme fautive, n'avait pas, au bon moment, une éclaircie de conscience, c'en était fait de la femme légitime ; le mari, une espèce de drôle, fuyait avec sa maîtresse. C'est grâce à cette dernière, qui finit par rougir d'enlever le mari de son amie, que le dénouement s'accomplit à la grande satisfaction du public.

De tout ceci, il s'ensuit que le vice dispose seul du charme, de la séduction et de la puissance; et que la vertu dévirilisée ne peut être que sa proie et sa victime.

De cette interversion des rôles ne peuvent sortir que le désordre et la dissolution des mœurs. Désordre dans les idées, désordre dans les actes, dissolution générale, et qui plus est, universelle.

Déjà au commencement du siècle, les écoles socialistes, basant l'ordre des collectivités humaines sur la légitime satisfaction des besoins individuels, cherchèrent à faire disparaître cette cacophonie sociale. Elles proclamèrent l'amour libre par l'égalité absolue des deux sexes.

Dans l'espèce, elles supprimaient l'immoralité, ne la considérant, dans notre monde, que comme la résultante d'une interprétation fausse de la morale ; la morale devant être en conformité avec la loi naturelle.

Ces déclarations, revêtues d'un caractère doctrinal, scandalisèrent le public, peu scrupuleux, pourtant. Elles furent taxées d'être paradoxales et monstrueuses. Sans faire attention qu'on acceptait bien pis ; quelques-unes avaient commis le crime de mettre en avant la franchise, et tous préféraient l'hypocrisie.

Ces doctrines qui flattaient les passions et, sous un certain rapport, satisfaisaient la justice, furent l'objet de la réprobation générale.

Dans un beau mouvement d'indignation, les esprits se soulevèrent. Ce fut un *tolle*. Quoi, les mœurs libres étaient permises aux femmes ! Par contre, on applaudissait à la prostitution infâme, comme à une nécessité sociale ; on passait sous silence les crimes qui en découlent. On avait pourtant connaissance des reniements de paternité, des avortements, des infanticides sans s'en émouvoir autrement. Ne sont-ce pas là les calamités inhérentes aux sociétés humaines !

Mais dès qu'il s'agissait de faire cesser ces infamies par une répartition plus équitable des responsabilités, la majorité des consciences s'indignait.

Les débauchés, les libertins même protestaient. Quoi ! le jour où fatigués par leurs excès et incapables de les continuer, ils ne pourraient s'allier en justes noces, aux vierges immaculées pour leur imprimer les stygmates de leur dévergondage, et donner le jour à toute une lignée de scrofuleux! Mais, en vérité, c'était, à leurs yeux, une folie criminelle. Ils criaient au scandale et invoquaient la vertu.

Cette comédie jésuitique ne cesse de se jouer. Il faudrait pourtant y renoncer et aborder la réalité qui nous confond avec la positivité de ses faits.

Nous nous poserons cette question : Les sens chez les hommes comme chez les femmes peuvent-ils être régis par la raison ?

Les fonctions génésiques peuvent-elles être réglées comme les fonctions des autres organes ? Tel que l'estomac par exemple.

La volonté masculine peut-elle intervenir efficacement pour refréner la violence des instincts ? D'ailleurs, ne faut-il pas distinguer ce qui appartient aux organes de ce qui revient à leur perturbation ?

Cette question une fois posée, si la réponse est négative, les mœurs libres doivent être proclamées pour les deux sexes à charge égale de responsabilité, comme nous le faisions observer au début.

Maintenant ceci admis, il reste à savoir si la bride lâchée aux instincts essentiellement charnels, n'aura pas pour résultat l'exagération et l'exaltation de ces mêmes instincts et leur prédominance sur les aspirations supérieures de l'humanité.

Nous disions, il n'y a qu'un instant, qu'une différence notable doit être établie entre l'instinct réduit à sa part congrue, et l'instinct auquel s'ajoutent les suggestions d'une imagination dépravée.

La juste mesure de nos besoins est toujours restreinte ; et il y a nécessité à éliminer cette superfluité troublante qui déséquilibre et affaiblit les organismes les mieux constitués, ainsi que la société dans laquelle ils sont. Cette régularité des mœurs, imposée aux individus, n'a pour but que de les garantir par des engagements d'honneur et des contrats liant leurs intérêts contre leurs propres entraînements.

Sans doute, Fourrier a élaboré le plan d'une société qui comporte l'indépendance des relations sexuelles; il l'appelait la phalange. Mais ce plan étant resté à l'état de projet, nous ne pouvons, faute d'expérience, juger de sa valeur.

Et d'abord, l'amour est-il libre ? Y a-t-il de la liberté en amour ?

Est-on libre après serment, de rompre un lien sans grief réel ?

La liberté de rompre qu'on prend oblige-t-elle le conjoint à accepter cette rupture sans récrimination et sans résistance ? Non. C'est là qu'est la profonde erreur de Fourrier. Le désir de rompre étant rarement partagé par les deux conjoints.

Si la loyauté de la parole, si la grande idée du devoir ne comptent pour rien ; si les fantaisies des sens règnent en souveraines et sont telles que ceux qui en sont la proie ne puissent répondre de tenir le lendemain ce qu'ils ont promis la veille ; c'en est fait de l'ordre social. Et qu'on ne me parle pas de liberté. Car l'individu sans souci de la conscience et de la raison, tombe dans le pire des esclavages.

— La liberté est nulle dès que la passion est maîtresse.

La série d'aventures tragiques que déroule devant nous l'amour libre dans ses nombreuses applications, n'est pas faite pour nous convaincre de l'entière indépendance de ceux qui en sont victimes.

Dans les liaisons les plus fortuites et les plus éphémères, ne se produit-il pas souvent, d'une et d'autre part, des attachements spontanés que la séparation exaspère et qui se dénouent par le meurtre et l'assassinat ?

L'amour libre est une fiction ; et pour peu qu'on l'observe, c'est la pire des chaînes. Ce qui ressort le plus dans l'amour libre, c'est l'annihilation de la famille ; car la liberté de l'amour n'admettant ni contrainte, ni engagement, ni contrat, l'individu, à la recherche de sa seule satisfaction, glisse de plus en plus sur la pente de l'égoïsme.

De plus, comme nous l'avons fait déjà remarquer, les exigences des sens se multiplient par la culture à outrance. La volonté qui n'a jamais réagi contre la tentation s'annule de plus en plus.

Alors l'espèce humaine, ne cédant qu'aux sollicitations de la chair, descend au dernier degré de la mollesse et de la dégénérescence, la bestialité l'emporte ; c'en est fait du progrès et du perfectionnement de l'humanité !

C'est que de toutes les passions, celle-ci a le plus d'empire ; et si elle ne s'associe pas à de nobles sentiments, à un idéal élevé, elle tombe au-dessous de toutes les autres. L'ambition, la cupidité excitent au moins l'énergie chez ceux qui en sont possédés. Les nations parvenues au maximum de l'éclosion intellectuelle se sont effondrées misérablement en tombant dans la dissolution la plus profonde. Dissolution qui est la conséquence de la violation d'une loi naturelle. En somme, la vertu, les bonnes mœurs, ne sont autre chose que la justice établie dans les rapports de l'homme et de la femme.

LA FEMME DANS LA FAMILLE

Dans la précédente conférence, nous avons démontré que la subalternisation des femmes était une cause de la dissolution des mœurs. Nous allons, aujourd'hui, en examiner les conséquences funestes dans la famille.

Qu'est-ce que la famille ?

La famille n'est point d'invention sociale, elle est d'ordre naturel ; nous la rencontrons même à l'état rudimentaire chez les animaux.

La famille est la cause efficiente de la cité ; elle en est le type primordial, elle est la société principe ; c'est-à-dire qu'elle est la plus ancienne de toutes et qu'elle sert de fondement à la société nationale ; car un peuple n'est qu'un composé de plusieurs familles ; c'est la société embryonnaire de laquelle ressortent toutes les autres.

C'est dans la famille constituée régulièrement que les caractères moraux se transmettent par voie d'hérédité.

La famille est, tout ensemble, la génération, la formation, la tradition de la vie sociale. C'est la famille qui produit la vie et qui la développe ; elle donne la naissance, c'est-à-dire l'être, et l'élévation de l'être. On peut affirmer, sans exagération, que dans le monde, depuis la famille privée jusqu'à la famille humaine, en passant par la famille nationale, tout est famille.

Ces différents liens, plus ou moins directs, plus ou moins étroits soutiennent, transmettent et augmentent la vie à des degrés différents et à des titres divers. C'est ainsi que nous constatons que le sentiment le plus propre à susciter l'enthousiasme et à produire l'héroïsme, est celui de la patrie, mère patrie — dit-on, pour en bien faire sentir l'origine et le caractère essentiellement familial.

La famille, dans sa large acception, comprend et résume toute l'existence de l'individu ; à chaque phase de son épanouissement, elle lui offre une situation correspondante et une satisfaction à ses besoins. A l'enfant, être chétif, besogneux, plus en peine d'être aimé que d'aimer, elle donne la tendresse désintéressée du père et de la mère; tendresse prévoyante d'où découlent les soins, l'éducation, le savoir. Plus tard, l'enfant devient nubile, c'est une individualité nouvelle, ayant conscience et cherchant, à son tour, à conquérir son indépendance. Il sent alors que l'amour filial est incomplet : cœur, sens, imagination sont en effervescence et cherchent à se concentrer sur un objet unique. Ici, encore, la famille ne fait pas défaut, elle fournit le mariage. Le mariage est le sentiment affectif dans sa manifestation la plus intense, la plus féconde. Unir sa vie à la personne qu'on chérit le plus ; confondre avec elle plaisir, peine, intérêt, devoir ; donner du bonheur et en recevoir en même temps; être heureux sans l'abnégation d'un autre, c'est véritablement l'apogée de la félicité humaine.

Pendant quelque temps le couple se suffit à lui-même sans recourir à l'entourage ; il vit un instant pour son propre compte ; son désir consiste à prolonger le présent.

Dans la suite, il se produit une transformation. Ce sentiment si vif, si impétueux, se tranquillise, se régularise graduellement. La situation se complique, les rapports deviennent plus complexes, les affections se partagent : des enfants sont nés. Le couple cesse de vivre exclusivement pour lui-même. Désormais, la joie dépendra de la prospérité des nouveaux arrivants. Cette situation différente exige un surcroît d'activité de la part des deux époux. Commun désir d'agrandir leur position et leur fortune, mutuels efforts pour arriver à cette fin. Et comme la sécurité des intérêts est intimement liée aux faits sociaux et politiques, ils devront nécessairement se préoccuper des intérêts collectifs et généraux.

Nous saisissons ainsi l'objet de la famille, son économie, son fonctionnement.

L'être humain, au début, commence par l'égoïsme inconscient, indispensable à son développement, et il continue et finit par le dévouement. Au fur et à mesure, son cœur s'agrandit en passant par cette série graduelle de sentiments, de plus en plus compréhensifs: famille, patrie, humanité. Tel est l'idéal, le roman de la famille; en d'autres termes, la famille ainsi qu'elle devrait être. Mais, hélas! cet idéal, ce roman est le plus souvent démenti par la réalité!

L'inégalité des deux sexes dérange, à elle toute seule, ce plan harmonique indiqué par la logique et le bon sens. Le mariage légal qui consacre cette inégalité, contient tous les germes de désagrégation domestique et sociale.

Nous ne saurons trop le répéter, l'infériorité légale de la femme ne se base sur aucune loi naturelle : elle est d'invention masculine; cette usurpation de pouvoir a pour raison l'arbitraire.

Ainsi la famille qui devrait être la meilleure école des consciences, commence par les fausser en représentant comme légitime, la perpétuelle violation du droit. C'est ainsi que la théorie des deux morales est enseignée et acceptée là où la régularité des mœurs, la justice dans les rapports doivent faire loi.

Le genre mâle s'étant constitué en aristocratie, a entendu s'affranchir de certaines règles. Nous avons dit, il n'y a qu'un instant, que la famille devait satisfaire à toutes les phases du développement de l'individu; la présence des deux morales réduit à néant cette affirmation.

De ce fait des deux morales ressort la nécessité de deux amours; en conséquence, de deux types de femmes capables de répondre aux exigences de l'un et de l'autre.

L'amour chez la femme *honeste*, comme on disait dans le vieux français, observe de sages réserves; les démonstrations et effervescences ne doivent point dépasser les limites prescrites par la vertu. *Sine concupiscentia.*

L'amour chez la courtisane ne reconnaît, à l'encontre, ni prescriptions, ni règles. Les poètes l'exaltent jusqu'au troisième ciel et le portent à la quatrième puissance. Pour la courtisane tous les enthousiasmes, tous les enivrements. Il s'ensuit que l'homme, qui croit être en droit de décider de tout, veut user des deux modes, et s'arrange de façon à avoir et le *confort* et le *luxe*. Le premier, représenté par l'épouse qui lui donne des enfants légitimes, qui veille aux soins de son intérieur, c'est-à-dire à l'entretien de sa maison et à l'économie domestique; le second, figuré par la maîtresse, qui charme ses loisirs, stimule ses sens, son imagination. L'ingéniosité de cette invention revient à l'humanité; et comme l'humanité appartient au règne animal à un degré simplement supérieur, elle commet une lourde bévue en divisant une loi unique en deux lois.

Cette distinction subtile, entre l'amour pur et l'amour impur, n'existe dans aucune espèce; elle n'est que le fait d'un cerveau mal équilibré. L'expression du sentiment le plus vif, le plus impétueux varie suivant les tempéraments.

Le tempérament n'est pas dépendant de la catégorie sociale où l'on est né, ni de l'éducation qui ne peut lui opposer une résistance que dans une certaine mesure; le tempérament ayant presque toujours le dernier mot.

Comment alors effectuera-t-on cette classification? Comment imposera-t-on à celle-ci et à celle-là telle façon d'être? Cette prétention à gouverner ce qui est ingouvernable est absolument ridicule, risible même.

Voici donc des nuances délicates pour les gens qui n'ont souci de la réalité. Un écrivain qui, aux yeux de ses admirateurs, a passé pour un grand homme d'État, nous a laissé un spécimen du genre: *L'Amour dans le Mariage*, de M. Guizot. C'est l'amour orthodoxe, compassé, observateur fervent de la respectabilité, consultant le thermomètre pour savoir au juste à quel degré il faut s'arrêter. Si cet amour-là fait le compte d'un certain nombre de femmes, la majorité nous démontre qu'elle ne saurait s'en accommoder. Il est à ce propos bon de remonter à l'opinion de Montaigne qui, bien que fin et pénétrant, n'a pu se dérober aux préjugés qui le flattaient, il est vrai.

Citant Aristote, il dit : « Il faut touscher sa femme « prudemment de peur que le plaisir ne la fasse sortir hors « des gonds de la raison. »

Plus loin : « Je ne vois point de mariages qui faillent « plutôt et se troublent que ceux qui s'acheminent par la « beauté et désirs amoureux; il y faut des fondements plus « solides et plus constants et y marcher *d'aguet*. Cette « bouillante allégresse n'y vault rien...

« Un bon mariage, s'il en est, refuse la compagnie et « conditions de l'amour. Il tasche à représenter celle de « l'amitié. C'est une doulce société de vie pleine de « constance et de fiance et d'un nombre infini d'utiles et « solides offices et obligations mutuels. »

Après avoir écrit ces paradoxes, il semble que le bon sens de Montaigne se réveille, et que son esprit observateur critique ses propres arguments : « Il n'est pas passion plus « pressante que celle-cy — l'amour — à laquelle nous « voulons que les femmes résistent seules, non simplement « comme au vice de sa nature, mais comme à l'abomination « et à l'exécration plus qu'à l'irreligion et au parricide; « et nous nous y rendons sans coulpe et reproche.

« Ceux-là mêmes d'entre nous qui ont essayé d'en « venir à bout, ont assez advoué quelle difficulté ou plustòt « quelle impossibilité il y avait, usant de remèdes maté- « riels à mater, affaiblir et refroidir le corps.

« Nous, au contraire, nous voulons les femmes saines, « vigoureuses, en bon poinct, bien nourries, et chastes « ensemble. » Ce jugement est la propre condamnation de tout ce qui précède.

Donc, la femme est *rationnée* en amour, ne devant le

connaître que dans le mariage et encore à l'état réduit. Ce qui n'empêche pas, qu'effrontément, on ne prétende que l'amour tient toute la vie de la femme, tandis que dans celle de l'homme, il n'en occupe qu'une page. Or, c'est le contraire qui est vrai ; sur ce terrain, les hommes ne renonçant jamais, quelques sérieuses raisons qu'ils en aient. Cette prescription idiote, qui interdit aux femmes la passion dans l'amour, prépare et active toutes les catastrophes conjugales.

Néanmoins, ce préjugé, qui caresse l'intérêt des plus forts, s'est maintenu quand même.

Nous voici donc en présence de deux morales, de deux éducations, de deux amours. C'est avec ces matériaux que la famille va se constituer.

Ces éléments différents et contraires donnent naissance à deux mondes : le monde régulier, légal, et le monde irrégulier et illégal ; monde, exclusivement sensuel et passionné, sans lien, sans devoir, sans décorum, sans convenance ; monde des liaisons passagères ; monde où chacun exige les plaisirs, les agréments et récuse les peines ; monde où l'on recherche le profit et où on rejette les charges ; monde où les sentiments ne sont que des amusements, où les affections ne sont que des prétextes à parties de plaisir. Nous l'avons déja signalé dans notre dernier entretien.

Ce monde-là est la plante parasite de la famille : il vit, se nourrit, se développe à ses dépens ; il en absorbe la sève, le suc, la vitalité. Il est l'arène où l'imagination et le cœur s'usent, où toute vigueur se débilite, où tout sang se corrompt. La famille est privée d'une force, et cette force, transportée loin d'elle, se convertit en faiblesse. La famille devait régulariser la passion, et c'est la passion qui, du dehors, trouble et désorganise la famille. Car la passion, en dehors de la vie domestique, à laquelle elle doit opposer à chaque droit un devoir, n'est plus qu'une force déviée et agissant à rebours.

D'impulsive, d'efficace qu'elle serait, elle devient funeste et destructive. La famille est appauvrie et ne résume plus toute la vie ; elle n'en est plus qu'une phase. La tourbe illégale lui vole la jeunesse, l'imagination, l'enthousiasme, la santé, la fécondité.

Toutes les heures expansives de joie, d'allégresse suprême, où l'âme humaine vibre sur toutes les cordes dans un épanouissement complet, n'ont plus pour témoin le foyer domestique. Ce qui rend ce monde illégal tout-puissant, c'est qu'il n'a pas de personnel spécial puisqu'il emprunte au monde licite ses sujets principaux : le mari, le père, le fils. Ces deux mondes, diversement étiquetés, se confondent le plus souvent par une promiscuité constante et s'imprègnent des mêmes mœurs.

Dans ces conditions, l'institution du mariage, base de la famille, est absolument compromise et gravement atteinte. C'est pourtant le mariage qui offre le plus de sécurité à la reproduction des êtres!

Sans doute, la vie peut se transmettre en dehors de toute règle, de tout contrat, de tout engagement public ; mais alors elle ne rencontre aucune garantie de développement normal ; elle est livrée à tous les hasards des caprices, des abandons. C'est la vie, nous ne saurions trop le dire, sans lien avec le passé, sans souvenir des ascendants, sans tradition, sans hérédité connue ; c'est la vie isolée, flottante.

La famille est évidemment le milieu où une naissance est le mieux accueillie, et où le nouveau venu a le plus de chance et le plus d'avenir.

Ce n'est que lorsque la famille fait défaut que la société peut et doit s'y substituer. Malheureusement, la licence des hommes diminue singulièrement pour eux l'urgence du mariage ; car pour le jeune homme, la première partie de sa jeunesse, dès l'adolescence même, n'est qu'un mariage anticipé avec tous les condiments de variétés et de changements. Pourquoi aspirerait-il à une union définitive, ne trouve-t-il pas toutes les satisfactions désirables en ce genre, sans aliéner, le moins du monde, son indépendance ?

Lorsqu'il s'y décide, ce n'est point poussé par les sollicitations des sens et du cœur, dont il a usé et abusé, mais par calcul, comme nous l'avons fait remarquer dans *La Femme et les Mœurs*. Il agit à froid, après réflexion. Le besoin d'argent, l'ambition, les raisons d'hygiène sont généralement les causes qui le déterminent à prendre cette résolution. Quelquefois aussi des motifs d'une moindre importance le décident à entrer dans la régularité : le désir soudain de l'ordre, le dégoût de la vie d'hôtel et des menus de restaurant, le désir d'un mobilier bien tenu, d'un ménage bien soigné, d'une existence tranquille et uniforme. Quant au reste, vous comprenez facilement que le jeune homme, repu, blasé, qui a puisé des joies à toutes les sources, ne considère dans l'union légale qu'un acte de raison ne pouvant lui offrir qu'une répétition amoindrie et affadie des douceurs, des transports qu'il a goûtés auparavant.

Il est juste de mentionner, au nombre de ces considérations diverses, l'instinct de la paternité qui ne se manifeste guère que vers la seconde jeunesse : la première s'appliquant à ne jamais en tenir compte. Parmi ces considérations se rencontrent aussi l'effroi de la solitude, le besoin de se créer des affections, l'ennui d'abandonner sa fortune à des collatéraux, enfin un certain amour-propre de ne pas disparaître, un jour, sans laisser de soi des preuves vivantes de son passage.

En effet, le mariage, comme je l'ai dit précédemment, est l'antécédent indispensable de la paternité. Autrement la paternité n'existe pas ; elle est envisagée comme une calamité, un fléau auquel on cherche par tous les moyens à se soustraire ; elle est condamnée comme prématurée, insolite, inopportune : la position n'est pas assurée, la fortune n'est pas faite, ou n'est pas même encore en voie de se faire. On place une sourdine sur son cœur, sur sa conscience, et l'on remet ses tendresses à plus tard.

Le mariage n'est donc pas envisagé pour lui-même ; et l'homme n'y recourt généralement que pour les avantages sérieux et personnels qu'il peut lui procurer à un instant donné. Aussi combien est-il différé, retardé et même ostracisé !

Pourtant, quelques hommes de bonne foi s'imaginent, et c'est une justice à leur rendre, rompre avec le passé, entrer dans une nouvelle ère avec un état physique et psychologique nouveau. L'illusion est de courte durée. L'action réflexe l'emporte sur ses belles résolutions.

Le temps de la première jeunesse consacré par l'homme au libertinage, le prépare mal à la vie de ménage qui doit être ordonnée. Celui qui a fréquenté le plus grand nombre de femmes qu'il lui a été possible, ne saurait se contenter d'une seule; et j'ajoute qu'il en est de même pour la femme. Celle qui a promené ses amours sur plusieurs ne saura se tenir à un objet unique ; le goût de la variété, du caprice, des sensations imprévues et cette curiosité malsaine qui cherche à établir des comparaisons, s'étant développés par l'habitude.

Le mariage n'est plus alors qu'un internement obligatoire et difficile à supporter. Je sais bien qu'on me dira : « Vous vous trompez. Dans cette dissipation de la jeunesse, l'homme acquiert l'expérience et avec elle les désillusions de certains mirages. Ayant usé des choses, il en connaît la valeur. Ce qui lui a paru la liberté, lui semble maintenant l'esclavage. Aussi aspire-t-il à changer son mode d'existence sans regret. Il rencontrera dans le mariage la pureté, la vertu avec toutes ses grâces aimables, ce qui fera un heureux contraste avec ses habitudes antérieures. »

Rien n'est plus inexact.

Prétendre que l'amour que la vierge fait naitre au cœur de l'honnête homme est supérieur à celui que lui inspire la courtisane, est une affirmation gratuite.

Dans les sociétés corrompues par l'inégalité des sexes, la virginité est peu appréciée ; et les grands sacrifices, les folies de la passion, poussée jusqu'à l'immolation de l'honneur et de la vie, sont inspirées par des femmes qui l'ont perdue depuis longtemps. Oui, certes, la pureté est précieuse, la vertu est touchante et admirable ; mais pour qu'elle s'impose, pour qu'elle exerce un empire, pour qu'elle fasse des prosélytes, il faut qu'elle soit le produit de la raison, de la volonté, de l'indépendance et non de l'ignorance et de la subordination.

Cette vertu naïve, considérée, en somme, comme une discipline à laquelle sont soumis les faibles et avec laquelle l'homme va dorénavant marcher de compagnie, ne le persuadera pas et n'aura sur lui aucune influence ; car l'homme aspire à la science, à la liberté, et il n'achètera jamais la vertu au prix de l'une et de l'autre. Par l'absence d'instruction rationnelle, on a créé facilement une infériorité féminine qui annule la puissance de la vertu et lui enlève même son action et son charme.

C'est ainsi que cette jeune femme vertueuse tombera dans de singulières inconséquences. Personnification de la pudeur, elle se complaira à provoquer les indiscrétions de son mari et en obtenir les confidences : confidences émaillées d'actes et de détails scandaleux, auxquels elle s'associe par le rire. Elle semble même avide de ces sortes de récits. Dès ce moment, aux yeux de son mari, elle perd de son prestige : sa vertu manque de dignité.

Evidemment, si la vertu de cette jeune femme était basée sur des principes de raison, des principes immuables et éternels, et qu'elle puisse les soutenir, à l'occasion, par les ressources qu'offrent une intelligence cultivée et un cerveau qui pense et réfléchit, elle n'accepterait pas, volontiers, ces confessions cyniques, puisqu'elles sont faites sans aucun repentir, et qu'elles renferment les transgressions à la loi que scrupuleusement elle observe. Elle verrait là un défi porté à sa morale, une sorte d'insulte.

Mais tel est l'effet essentiellement démoralisateur de l'inégalité des deux sexes, que rien en elle ne se révolte ; et que l'homme, de son côté, se croit assez grand pour se dispenser des mœurs pures, et trouve tout naturel que la femme s'y soumette en raison de son infériorité.

On voit que cette question est grosse de contradictions. Bien que nous les ayions déjà fait ressortir dans notre précédent discours, nous ne nous lasserons pas d'y revenir. Cette situation et cette éducation subalternes de la femme diminuent les chances de bonheur du ménage. Toute une sphère d'idées est mise à l'écart. Chacun y perd : la femme se rétrécit l'esprit, et l'homme ne modifie pas le sien.

La femme a souvent une foule de bonnes raisons à faire valoir ; il est regrettable que faute d'une instruction approfondie, elle manque de puissance pour les exprimer.

Un paradoxe, un argument spécieux la déconcerte. Dans la discussion, elle a presque toujours le dessous, bien que soutenant une bonne cause. Le mari est vainqueur à peu de frais, même s'il a moins d'esprit naturel que sa femme.

Du reste, lui-même sent bien la faiblesse de son triomphe et en est médiocrement satisfait. Son amour-propre est bien autrement flatté quand il répond à l'objection sérieuse d'un adversaire digne de lui.

Toute personne humaine aime à vivre avec ses pairs, c'est-à-dire ses pareils, en éducation, en savoir. La différence d'apport intellectuel et scientifique chez les époux rompt l'équilibre ; un malaise s'empare de l'un et de l'autre et notamment du mari ; il est dans l'isolement de l'esprit, dans la solitude de la pensée. La plupart des questions qui l'intéressent ne sont même pas soupçonnées par sa femme ; il y a communion d'intérêt, il n'y a point communion d'idées ; il y a estime, il ne peut y avoir complète sympathie : il manque quelque chose à la vie du foyer.

Sous le même toit, à la même table, on se sent incompris et étrangers sur une foule de points.

L'homme alors peut se demander ce qu'il a gagné à entrer en ménage ? A l'insouciance du célibataire, il a substitué la prévoyance du chef de maison. Devant être plus tard chef de famille, cette prévoyance de l'avenir lui donne des préoccupations ignorées auparavant; il a dû retrancher certaines habitudes coûteuses. Aussi pour trouver une compensation à son ancienne liberté d'allures, il faudrait qu'il trouvât dans le commerce conjugal, non pas seulement un lien charnel qui devra le lasser promptement par ses conditions de répétitions monotones, mais le lien moral qui comprend toutes les facultés de l'esprit et du cœur.

Désormais, le dialogue entre les époux se bornera à des détails d'intérieur : les préoccupations étroites du budget, les soucis de l'entretien d'une maison, enfin les tiraillements de la vie de ménage. Ce fonds épuisé, on ne desserrera plus les dents.

On me fera justement observer que cette inégalité de culture cérébrale n'existe pas dans le prolétariat, ce qui n'empêche pas l'homme de se croire supérieur et de concevoir un certain mépris pour le féminin. La raison en est simple, c'est qu'il n'a souci d'instruction, et a toute estime pour la force musculaire. A son défaut, le seul fait d'être du sexe fort constitue à ses yeux une prépondérance légitime. La vieille théorie de l'élément mâle prépotent provoque chez lui le besoin d'être avec ses *égaux*. De là, le désir d'aller au dehors, d'être *entre hommes*. La « great attraction », suivant les milieux et les catégories, est le cabaret, le café ou le cercle. Ce besoin impérieux d'aller chercher ailleurs ce qu'on croit ne pas trouver chez soi, cette soif du dehors d'où ressortent les habitudes du jeu, de la débauche, de l'ivresse, sont les éléments de la dislocation familiale.

Cette facilité donnée aux hommes de ne point régler

leurs mœurs, lâche toute bride à la prostitution. Dans tous ces plaisirs, dans toutes ces distractions du dehors, la courtisane s'introduit et sert d'excitant et d'apéritif.

Au théâtre, au sport, au casino, on la retrouve, elle est partout.

D'où vient l'engouement qu'elle provoque? La courtisane a-t-elle plus d'esprit, plus de savoir, plus de beauté que la femme du monde?

En général, non. Seulement, comme nous l'avons mentionné dans notre dernier entretien, la liberté de ses allures, ses nombreuses liaisons avec des hommes appartenant aux lettres, aux sciences, aux arts, lui fournissent, à défaut d'études, une sorte de vernis, une connaissance de toute chose qui se traduit dans un bagout drôle; cette licence dans le langage, cette façon de toucher à toutes les questions avec la gausse parisienne qui leur donne un tour pimenté, égaye et émoustille tous ces cerveaux quasi paralysés par les orgies et le cigare.

De plus, les salons interlopes sont de véritables lanternes magiques où l'on voit passer une procession de célébrités contemporaines dont on chercherait vainement ailleurs l'ensemble. Ce sont là autant de contacts propres à rompre la monotonie de l'existence et à y répandre quelque charme. La courtisane accumule donc autour d'elle des ressources qui manquent aux femmes honnêtes.

Le ménage, tel que nous venons de le dépeindre, ne représente plus, sauf exception, qu'obligations, charges, corvées, absence d'idéal et d'harmonie intellectuelle, rien que le devoir morne; les époux ne se rencontrent que sur un ennui commun.

Le premier phénomène de la dislocation conjugale est le refroidissement du mari et le mécontentement légitime de la femme. La femme veut bien accepter le passé scabreux du fiancé, mais elle entend que le présent lui appartienne. Lorsque ce qui lui revient de droit passe à une autre, elle se froisse, s'irrite, et, suivant son tempérament, son caractère, elle se désespère, se fâche, se résigne ou se venge. Malheureusement, ceux qui rédigent les règlements et les codes sont le plus souvent ignorants de la nature humaine et de la loi des organismes. Il arrive donc que, chez des femmes esclaves de la considération sociale et victimes des négligences de leur mari, des troubles pathologiques se produisent. Mais il est rare que les excitations physiologiques, jointes à la colère ou à la passion, ne triomphent pas des scrupules. Et c'est ainsi que les adultères pullulent, secrets ou divulgués. Alors, aux scandales du père, dont les enfants sont témoins, s'ajoutent les scandales de la mère.

Chez les riches, les époux peuvent s'espacer. Les plus ingénieux s'avisent de supporter le tête-à-tête en compagnie de cinquante ou de cent personnes. Ils résident dans toutes les fêtes : dîners, concerts, théâtres, bals. On ne les trouve chez eux que les jours où ils reçoivent. En les remarquant toujours ensemble, on s'écrie : « Quel heureux ménage ! Comme ils sont unis ! Quel accord ! » Oui, pour ne jamais se trouver face à face. En réalité, ils sont séparés sans en avoir l'air.

On dira : si ces époux ont des enfants, ils se rallient au foyer. Les enfants opèrent la jonction et offrent la distraction. L'attachement dont ils sont l'objet, leur folâtre gaîté réchauffe, ranime les sentiments éteints. Les deux époux s'attendrissent réciproquement à la vue de leurs rejetons et font retour sur eux-mêmes. Oui, en effet, cela arrive à la condition qu'il y ait communion d'idées dans le ménage; sinon, les enfants, de messagers de paix qu'ils devraient être, deviennent des brandons de discorde. Tout fournit sujet à contestations, à discussions : éducation, choix d'une carrière, mariage, etc., etc.

Le plus souvent, le couple qui n'a pas su trouver des ressources en lui-même, est atteint de la manie mondaine. Il aime ses enfants, seulement, comme il faudrait pour les surveiller en personne rester au logis, et que ce sacrifice est au-dessus de ses forces, il les confie alors à des domestiques, en leur disant : « Soignez-les bien. »

Les enfants grandissent, l'heure de l'instruction a sonné ; mais cela ne gêne en rien les parents. Dieu merci ! l'enseignement au dehors les tire d'affaire. Lorsqu'aux jours de congés, de vacances, ils arrivent à la maison paternelle, bien que pour peu de temps, la maison les attriste, rien d'attrayant ; excepté les remontrances traditionnelles, aucune intimité, aucun échange intellectuel. Pendant les heures des repas règne la contradiction, la dispute : père et mère se chicanent à tout propos, ou bien ils se taisent. Les enfants ne savent quelle contenance tenir et pour lequel des deux prendre parti. L'ennui des parents les gagne à leur tour. A peine arrivés, ils voudraient déjà partir, cet intérieur leur pèse ; c'est une contagion qui les pousse à sortir de la famille. Plus tard, nous les reverrons ces familles qui ne se suffisent pas à elles-mêmes, courir de plaisir en plaisir, solliciter partout des invitations. Chaque membre ne rentre au foyer que pour se disposer à le quitter à nouveau. Pour l'épouse, la mère, la fille, la journée n'est que la préparation du soir. Le dîner, qui réunit la famille et qui lui laisse le plus de loisir, puisque les travaux du jour sont accomplis, est dans ces sortes d'intérieurs hâté, précipité. Il devrait être l'instant du repos, du délassement où l'entretien général s'établit, où chacun échange ses idées, rend compte de l'emploi de son temps, etc. Hélas ! cet instant n'est plus qu'un obstacle qui paraît prendre toujours trop de temps. La mère coiffe la fille, la fille coiffe la mère ; à peine prennent-elles leur potage entre deux tire-bouchons. Enfin, l'aiguille de la pendule a marqué l'heure du départ : ils vont vivre ! Mari, femme, fils, fille sont arrivés au lieu de réunion. Le père joue, la fille danse, le fils se partage entre ces deux plaisirs ; car le goût des cartes se manifeste déjà en lui : s'il pouvait gagner ! Quant à la mère, elle fait tapisserie, potine sur les riches héritières, observe tous les valseurs de sa fille et s'ingénie à conquérir un gendre.

Ceci se passe généralement dans le monde de la bureaucratie où le budget restreint n'est pas à la hauteur des exigences et des aspirations de la famille. On a mis sur le compte du lúxe, comme nous l'avons mentionné déjà, le désarroi de la famille ; on a bien tort. Le luxe ne devient un besoin, une nécessité que lorsque ne se plaisant pas au foyer, on cherche à étendre ses relations pour sortir de chez soi le plus qu'on peut. Le jour où ces relations provoquent des dépenses auxquelles ne peut suffire la position, la modeste aisance se change en misère. Les revenus ne sont plus proportionnés aux frais. Les gens qui se trouvent heureux chez eux ne sentent guère la nécessité de quitter, sans cesse, l'intérieur domestique pour courir dans le monde. Pour eux, la vie de famille prenant plus de développement, ils visent plus au confort qu'à l'effet.

Nous le voyons, la famille, prototype de la cité, étant organisée inéquitablement, ne représente plus l'harmonie, mais, au contraire, la discorde. Ce n'est plus l'ordre, c'est le désordre. Cette constitution anormale de la famille en annule toute la vertu.

Traînant à sa base l'injustice comme un boulet, la famille, sous n'importe quelle forme, soit politique, religieuse ou sociale, a failli à ses destinées

Remontons au plus haut de l'antiquité, examinons les livres sacrés.

Cherchons dans la Bible la famille patriarcale. Nous y constatons, comme partout, la subalternisation de la femme, de l'épouse, en conséquence de celle de la mère, bien que la mission de celle-ci soit plus complète et plus haute que celle du père. Ce dernier joue le rôle de pontife, malgré ses faiblesses, ses vices même ; sa bénédiction est seule valable et attire celle de Dieu. Cette bénédiction est le privilège de l'aîné de ses enfants, les filles exceptées.

De là, des intrigues sans nombre, des manœuvres

déloyales, des fraudes pour s'approprier la fameuse bénédiction.

Les récits hiératiques nous exhibent les scandales les plus monstrueux.

Les patriarches commercent avec leurs servantes, et les fruits de cette fornication sont jetés au désert avec la mère qui les a enfantés.

Les femmes de ces fameux patriarches, car les patriarches sont généralement bigames, usent de stratagèmes pour capter, au profit de leurs enfants, les bénédictions paternelles supposées fructueuses. Haine entre les frères et les sœurs, viols, incestes, assassinats : voilà la vie patriarcale. Quant à l'ancienne Grèce et l'ancienne Rome avec sa loi des douze Tables, la famille n'était plus qu'une tyrannie dont le mari, le père était le despote.

Au moyen âge, la famille représente à tous les degrés le privilège. Et, en somme, il faut la Révolution française pour abroger le droit d'aînesse et établir les enfants sur un même pied. La femme seule est restée mineure et est privée de la jouissance intégrale de ses droits civils et politiques.

Le principe de servitude est donc admis dans la famille et se transmet de génération en génération, par voie d'hérédité.

Jetons un coup d'œil sur la famille ainsi qu'elle devrait être.

Nous le répétons, la famille renferme un vice radical. Ce vice radical détruit le bonheur et la prospérité privés. Lorsque le bonheur est en souffrance, toute la société tombe dans un état maladif.

Ce vice radical, c'est l'infériorité conventionnelle de la femme. Nous avons appuyé suffisamment sur ce point. Eh bien ! imaginons, maintenant, un ménage, puisque c'est toujours par là qu'il faut commencer, le mariage étant la pierre angulaire de la famille, imaginons, dis-je, un ménage où la femme soit l'égale du mari. Là, les différences ne sont que physiques et les similitudes sont intellectuelles et morales. Il y a alors équivalence de devoirs et de droits.

Cette union ne présentera pas l'absorption d'un être par un autre, mais une association où chaque associé garde sa personnalité distincte et sa volonté.

Dans le mariage, tel que nous le pratiquons, une personnalité l'emportant sur l'autre, il s'ensuit que l'union est plus une diminution qu'une augmentation sociale, puisqu'on réduit deux êtres à un seul.

Le mariage, tel que nous l'entendons, serait, au contraire, une addition en même temps qu'une adjonction; c'est-à-dire la fusion de deux personnes qui sont deux forces convergeant au même but, avec tout l'essor de leurs facultés.

De cette addition, de cette fusion surgit, indépendamment de la procréation, un fait nouveau, une œuvre morale. Et lors même que des enfants ne surviendraient pas, chose qui peut arriver, le mariage ne serait pas pour cela une association stérile.

Le mariage, comme nous le comprenons, comme nous le voulons, doit s'accomplir suivant la loi sentimentale et la loi rationnelle, nous représentant sous notre double aspect. L'égalité de l'enseignement amènera dans le ménage une sorte de camaraderie à laquelle se joindra un sentiment plus pénétrant et plus tendre. L'homme instruit, de retour au foyer, aura à qui causer de ses affaires, de ses travaux.

Pendant le temps qui précède le mariage, l'instruction des jeunes gens fiancés étant de niveau, il leur est plus facile, dans leurs entretiens, d'accuser leur caractère; les idées qu'ils échangent en seront, en effet, l'expression. Tandis qu'au contraire plus il y a de banalité dans les sujets, moins les opinions et les manières de voir ne se révèlent; on est sur un terrain commun où tous tombent d'accord.

Pour faire ce qui s'appelle un mariage de raison, il faut qu'il y ait sympathie physique et morale. Or, dans le milieu où nous sommes, on n'est sûr que de la première, les investigations n'excédant pas la surface.

La jeune fille instruite au même degré que l'homme qu'elle a choisi, a le sentiment de sa dignité. Sa vertu est un produit de la connaissance et non de l'ignorance; se conduisant suivant les principes de la raison, elle n'admettra pas deux codes de morale; elle exigera que les actes de la vie passée de son fiancé soient conformes à la loyauté la plus rigoureuse. Elle déclarera injuste, inique, qu'un homme de mœurs licencieuses s'arroge le droit de mépriser sa complice, tandis qu'il obtient partout la considération. Si un jour l'un de ces hommes à bonnes fortunes, las de ses succès et de ses excès, venait lui demander sa main, elle saurait lui dire elle-même : « Monsieur, on a beaucoup trop parlé de vous. Le monde que vous avez préféré n'est pas le mien, nos principes diffèrent. Un mariage est impossible entre nous. » Et si cet ancien beau, ce séducteur émérite essuyait plusieurs refus de ce genre, cette déception lui ferait faire un retour sur lui-même avec accompagnement de salutaires réflexions.

Quant aux jeunes gens dans le même cas, la leçon leur profitera. S'apercevant qu'ils peuvent compromettre leur établissement, ils tenteront quelques efforts pour régulariser leur conduite.

Sans nul doute, il y aura toujours des faiblesses, des défaillances, mais non pas cette débauche de parti pris convertissant en loi la transgression de la loi ; érigeant en droit le mépris du devoir. Un mariage fait dans les conditions normales réunit, autant que faire se peut, toutes les chances de bonheur. L'infériorité disparue, il y a, malgré l'intimité, plus d'égards, plus de politesse; les droits étant égaux, les susceptibilités sont les mêmes, les ménagements sont réciproques. Le ton impérieux n'est plus de mise, nul n'est exploité que s'il y consent. Le mari ne se figure plus qu'il lui appartient de violer le serment conjugal sans entacher sa réputation d'honnête homme. Il ne croit plus que l'oubli des promesses, l'inconstance des sentiments, le caprice, soient une preuve d'indépendance et de force de caractère. Il saura que l'inconstance est une débilité de la raison, une infirmité du cœur. Il comprendra, au contraire, que le respect des engagements est la manifestation de la supériorité humaine sur toutes les autres espèces. Aimer aujourd'hui ce qu'on aimait hier, jurer qu'on l'aimera les jours suivants, c'est affirmer l'infaillibilité de son jugement, c'est avoir conscience de la libre action de sa volonté, c'est prouver qu'on est en pleine possession de soi-même.

Une fois reconnu qu'en fait d'amour, tromper, c'est déchoir; que tromper est à la disposition des plus médiocres, nul ne s'en fera plus un mérite. Enfin cette égalité des deux sexes, outre qu'elle est une interprétation plus complète du Droit et de la Justice et un avantage pour la femme, en est peut-être encore un plus grand pour l'homme et la famille. Les mœurs libres, permises aux hommes, mettent incessamment la famille en péril. Cet homme marié, père de famille, est d'une étoffe si fragile que le moindre contact excite ses sens, ses désirs, et l'enflamme; et il a la liberté de mal faire, et c'est à lui, quel non sens, que la loi confère la direction du foyer domestique et celle de la société ! Il gère le bien de la communauté conjugale sans contrôle, sa femme étant sous sa tutelle. Le groupe domestique est donc perpétuellement menacé de ruine.

L'égalité des deux époux est une garantie pour la sécurité de la maison, car l'un des deux conjoints aura le droit de s'opposer aux folies de l'autre; on ne verra plus l'homme compromettre sa santé, sa fortune, son avenir, celui des siens dans des liaisons indignes, dans des alliances honteuses. La postérité n'en sera que plus saine de corps et d'esprit; lui-même sera beaucoup plus heureux, et saura mettre le bonheur à sa vraie place.

Tout amour en dehors de la famille est incertain, précaire, nuisible ; il n'est propre qu'à engager l'avenir, et le plus souvent à le perdre.

La plus grande compensation aux déboires de la vie est de se reposer sur une affection solide, capable de tous les dévouements à tous les instants de la vie ; affection renforcée par la communauté des idées des sentiments, des intérêts.

Peu sont appelés à la fortune, à la réputation, à la gloire ; tous sont conviés aux joies du cœur. Et si quelques unions contractées en dehors du mariage obtiennent parfois l'estime publique et ont rencontré le bonheur, c'est qu'elles ont emprunté les principaux caractères de cette institution, à savoir : la fidélité et le mutuel dévouement.

Du reste, les productions de l'âme humaine n'atteignent une véritable grandeur qu'en revêtant un caractère immuable, impérissable, éternel. En insistant ainsi sur le mariage, j'ai voulu faire bien comprendre que toute l'économie familiale dépend des conditions dans lesquelles il s'accomplit. Il est presque unanime de reconnaître que la femme représente la famille, le foyer, la maison. L'intérieur vaudra ce qu'elle-même vaut. Si la femme est ignorante, le souffle intellectuel ne traversera jamais la maison ; si, au contraire, elle est instruite, le foyer rayonnera et donnera une large hospitalité à toutes les choses de l'esprit.

On m'objectera : « Mais, le mari, le comptez-vous pour rien ? »

Non, certes ; seulement, la femme a un art tout particulier d'évincer les sujets auxquels elle est étrangère ; elle se soucie peu des choses qu'elle ne comprend pas, qu'elle n'admet même pas ; elle les considère comme vaines, oiseuses. Le mari en est quitte pour aller en parler ailleurs.

Lorsque, plus haut, nous esquissions ce que pouvait être une union dont les conjoints ont des titres égaux, nous constations qu'elle offre plus de chance de bonheur pour les associés ; et nous nous promettions de démontrer que le mariage ainsi constitué est un milieu favorable à l'éclosion de la famille et à son développement.

Les enfants, arrivés à l'âge de la connaissance, sont témoins d'une organisation établie sur la justice. Avant toute instruction élémentaire, par l'exemple qu'ils ont sous les yeux, ils appréhendent la saine notion de l'égalité et du droit. Rien ne choque leur jeune conscience : l'arbitraire n'existe pas pour eux. Tandis que dans les conditions actuelles, que peut être l'éducation des garçons? Tout petits, ils s'enorgueillissent déjà de leur sexe et entrent en fureur quand on les prend pour des filles; instinctivement, ils insultent leur mère. A peine adolescents, les vertus de celles-ci ne sauraient être un exemple pour eux, elles leur semblent serviles; et, dans l'envie d'afficher l'indépendance du mâle, ils se hâtent de commettre des sottises, avant même que la passion les y pousse.

L'influence des dispositions morales de la mère sur les enfants commence bien avant le temps qu'on suppose. Cette jeune femme dont l'intelligence est cultivée, qui a réfléchi, pensé, médité, exerce déjà une action sur l'enfant qu'elle porte dans son sein. De nombreuses observations, des exemples frappants ont corroboré la théorie de l'éducation antérieure.

Lorsque les enfants arrivent à l'âge de six ou sept ans, leur intelligence s'éveille déjà; elle donne les premiers signes. Plus ou moins distraits, ils assistent tous les jours à l'échange intellectuel des parents et il leur en reste toujours quelque chose ; des mots, des bribes d'idées se gravent dans leur mémoire. Ils entendent d'autant qu'on ne les oblige pas à écouter.

La nature, dans sa sagesse, leur inspire cette bienfaisante curiosité qui les pousse à observer, à interroger pour savoir. La mère instruite, sachant tout le parti qu'on peut tirer de cette disposition, stimule cette tendance. Elle inculque ainsi les rudiments de la science sous des formes appropriées au jeune âge de ses élèves ; elle prendra les plus attrayantes, instruira en n'ayant l'air que de répondre et de n'expliquer simplement que ce qu'on lui demande. Instruire les enfants en les amusant avec des faits réels appartenant à l'histoire, c'est la meilleure méthode préparatoire aux études définitives.

Une telle mère, joignant aux charmes naturels les qualités de la raison et du savoir, prendra sur ses enfants un empire immense autant que salutaire. Agissant en pleine connaissance de cause, ses remontrances ne tomberont jamais à faux, parce qu'elle connaîtra bien les points où elle reprendra; la justesse de ses vues ne sera point enfermée par le manque de savoir.

Ses fils ne diront pas seulement : « Combien notre mère est bonne et tendre ! » Mais ils ajouteront aussi : « Combien elle est intelligente, instruite ; comme il est bon et utile de la consulter ! » Organe spécial de la morale au foyer, la femme ne doit pas seulement la baser sur le sentiment, mais aussi sur la science.

La famille ainsi constituée vivra donc dans une même atmosphère intellectuelle, dans un même courant d'idées.

Cette société en miniature va préparer la grande ; elle a en elle tous les germes sociaux : justice, égalité, droit, liberté, solidarité. Voici l'école toute faite : une nation forte en sortira.

A l'opposé, lorsque vous admettez la hiérarchie arbitraire dans l'éducation, époux, épouse, fils, filles, frères, sœurs présentent autant d'éléments de discordes qui se reproduiront dans la société considérablement grossis et généralisés. Quand un principe de conduite n'est pas celui de tous, il n'a plus aucune valeur.

LA FEMME DANS LA SOCIÉTÉ

Par le seul fait de l'asservissement de la femme, la famille ne peut remplir sa destinée. La famille n'accomplissant pas sa destinée, la société ne peut accomplir la sienne.

Qu'est-ce que la société ?

La société, c'est l'humanité organisée. La société ne désigne pas seulement la valeur numérique de la totalité de l'espèce, la somme des individus, mais elle est l'expression des rapports qui s'établissent entre eux et des échanges physiques, matériels et moraux qui en résultent. Elle reproduit, dans son ensemble, les facultés que lui fournit chacun des membres qui la composent ; et sa fonction consiste à les coordonner, à les exploiter au profit de chacun et de tous ; le but qu'elle poursuit étant son développement et son perfectionnement par le développement et le perfectionnement des individus. Ici, ce qu'on entend par développement et perfectionnement, dans le sens le plus élevé, est la connaissance de la nature des choses et des lois qui les régissent. Cette pénétration de l'univers permet à l'humanité de se mettre en harmonie avec ses milieux et d'atteindre à ses fins. Mais, pour toucher à ce but supérieur, la première condition est de bien classer la collectivité ; car l'ordre social ne peut être obtenu que si chaque être occupe la place que lui a assignée la nature, et qu'il y trouve le moyen de donner à ses facultés tout l'essor qu'elles comportent, afin de procurer à la société le contingent qu'elle réclame de ceux qui en font partie, en échange des avantages qu'elle leur offre.

A l'encontre, si par ignorance ou par préjugé, l'estimation faite de la valeur des individus, l'appréciation portée sur leur caractère, leur capacité, leur tendance est contraire à la réalité, la distribution des fonctions devient absolument arbitraire, c'est-à-dire non conforme à leur constitution, leurs aspirations et leurs destinées. Les rapports sont faussés et la société évolue anormalement.

C'est ce qui frappe notre esprit dans l'étude des sociétés modernes comme dans celle des sociétés anciennes, malgré les progrès partiels qu'elles réalisent incontestablement dans l'ordre inférieur.

Toutes celles qui nous ont précédés, soit en Orient, soit en Occident, n'ayant été organisées et classées que sous l'empire d'idées fausses, se sont trouvées en défaut avec la loi naturelle, et elles ont porté en elles les germes de leur désagrégation.

Elles n'ont toujours usé que d'une moitié de virtualité; elles ont donc été facilement épuisées, ne mettant en jeu qu'une partie de leurs ressources. Elles ont conservé encore, à un degré intense, la folie guerrière, destructive, qui est la caractéristique masculine par excellence; la femme étant née génératrice, productrice et conservatrice de son œuvre.

Malheureusement, façonnée dans un moule de convention, dénaturée dans son type spécifique par une éducation étroite et erronée, matée par les lois, la femme a perdu ou du moins laissé engourdir, sauf de rares exceptions, ses belles qualités géniales; son intelligence, par l'ignorance qu'on lui a imposée, est dépourvue d'initiative; elle a fini par partager les préjugés de ses oppresseurs. La femme spartiate est un spécimen du genre.

Certainement, elle n'a pas été sans réagir à diverses époques et à prouver, par des actes de haute portée, ce dont elle était capable. Mais ces efforts, n'ayant jamais été qu'individuels au lieu d'être collectifs, il n'en est rien résulté de décisif.

C'est donc ainsi que l'un des deux facteurs de l'humanité ne fournissant pas l'apport nécessaire à l'évolution sociale, la société demeure en souffrance.

Cet apport est de deux natures. D'une part, il coopère à l'œuvre collective par une activité particulière; de l'autre, il transmet, par voie d'hérédité, les principes d'ordre universel. Car, comme nous l'avons fait observer, la société n'est pas, seulement, une agglomération d'individus, de familles et de groupes se livrant à un mutuel échange pour subvenir aux besoins matériels, et restant étrangers pour tout le reste ; c'est un tout mu par une communauté d'idées et de sentiments, visant à atteindre un but supérieur; sans quoi, il serait facile de concevoir que la multiplicité des intérêts, la diversité des besoins sont plutôt faits pour amener des différends, des désaccords, que la bonne entente et l'harmonie.

Au milieu de cette complication d'appétits et de prétentions, le but supérieur auquel les sociétés doivent viser serait perdu de vue si des principes élevés, transcendants, transmis de génération en génération aux individus, aux familles et aux peuples, ne venaient relier étroitement tous les éléments disparates dans une sorte d'unité objective. Tous, sans exception, doivent être pénétrés de ce même esprit; et ce même esprit vient d'une même éducation reçue et transmise d'engendrants en engendrés. Cette imprégnation constante, incessamment répétée, en conséquence accumulée, fait partie intégrante du tempérament des individus.

Les religions, longtemps, ont donné un semblant d'unité aux sociétés. La foi obligatoire pour tous ne permettait à aucun de manifester des divergences. Mais ces sociétés religieuses, et notamment celle qui est chrétiennement organisée, sont si loin de comprendre le progrès et le perfectionnement humain, comme nous le concevons aujourd'hui suivant les données scientifiques fournies par l'expérience, qu'elles prescrivent, comme la plus haute expression de l'idéal, non l'agrandissement de l'être par toutes les possibilités de son activité ontologique, mais la réduction en bloc de toutes les facultés humaines. Il ne s'agit pas de savoir, mais de croire sans examen préalable.

L'humanité, frustrée dans ses aspirations les plus légitimes, allait demander à la philosophie, qui n'avait été jusque-là que l'*ancilla theologiæ*, de combler le vide. Désormais, elle s'élançait dans le vaste champ de la recherche ; et par l'observation, la réflexion, l'étude, elle espérait acquérir la connaissance des choses et pénétrer le plan secret de l'univers sous la seule autorité de la raison.

Les bases de l'éducation furent changées ; mais ce nouveau mode d'enseignement devait-il être appliqué à la femme? Non; on lui avait prescrit la foi, la foi n'étant qu'une soumission à une volonté supérieure, tandis que la philosophie étant une science de raisonnement et de spéculation, sortait de sa compétence.

N'avait-on pas décrété le genre féminin inférieur?

Suivant cette opinion, érigée en dogme, la classification humaine est faite ainsi :

L'homme représente le cerveau, la femme le cœur. Facultés : la pensée pour le premier, le sentiment pour la seconde. Fonctions : gouvernement, suprématie d'une part, dévouement et maternité de l'autre.

Ayant fait de la maternité une spécialité pour la femme, il s'en est suivi deux programmes d'éducation absolument différents. Absorbée, soi-disant, par son rôle de procréatrice physique : *tota mulier in utero,* dit un vieil adage médical, la femme est inapte aux travaux de l'esprit et à un exercice cérébral soutenu.

La voici donc parquée dans la maternité, mais non point suivant la grande acception du mot, car il ne lui est accordé, par la loi, ni l'indépendance, ni l'autorité nécessaires.

Cette maternité physique, animale est dépouillée de ses attributs moraux et intellectuels.

On oublie que, dans l'œuvre de la génération, la femme joue le plus grand rôle. Par le fait *coïtal*, le germe composé de l'apport des deux producteurs est entièrement confié à l'un d'eux : la mère ; il se développe en elle et subit son action. Elle l'impressionne de ses propres impressions. Et pendant cette longue période de la gestation, le fœtus peut être constamment modifié par les différents états physiques et moraux par lesquels passe la mère. Cela est si vrai que, sous l'empire d'une émotion profonde et funeste, la femme peut enfanter un être incomplet, difforme ou privé de vie.

La voie maternelle est donc la plus directe pour la transmission des facultés et des caractères.

C'est par elle que s'accomplit, dans l'être en formation, ce phénomène latent d'assimilation inconsciente des éléments moraux aussi bien que physiques, fournis par la mère. Et c'est durant cette phase de la genèse de chaque individu, que les qualités transmises par le père peuvent être combattues, neutralisées ou augmentées par l'action maternelle qui constamment s'exerce.

C'est là que, dans une certaine mesure, se trouve la justification de la théorie des idées innées, c'est-à-dire des manières de sentir, de voir et de juger qui, léguées par l'hérédité, de génération en génération, constitue, à la longue, chez les individus une disposition antérieure à tout enseignement, en conséquence à toute idée acquise.

Qu'on le sache bien, tout ce qui n'a pas été déposé dans le cerveau de la femme et qui n'y a pas été cultivé, développé, n'existe qu'à la surface dans le cerveau de l'homme.

De là l'absence, en société, d'unité cérébrale, d'unanimité intellectuelle provenant d'une culture philosophique largement appliquée à tous.

Ici, quand je dis philosophie, je n'entends pas un système métaphysique traitant de l'origine de l'univers et de ses fins, et ne donnant que des hypothèses toujours contestables, mais une habitude de l'esprit de généraliser, c'est-à-dire de ne rien considérer dans un sens absolument exclusif et particulier; la vie sociale exigeant, de la part de ceux qui la pratiquent, des vues d'ensemble et des notions de solidarité universelle. La philosophie est la science des principes. Elle les découvre par l'emploi des deux méthodes déductive et inductive.

De cette disposition mentale, partagée par tous, ressort une politique rationnelle qui n'est pas cet art étroit, vil, connu sous ce nom, art composé uniquement de subtilités, de ruses, de fraudes, tenant lieu de règle aux gouvernants pour mieux établir leur domination sur les gouvernés; mais, au contraire, la mise en action des forces sociales représentées par les individus. Idées, sentiments, passions se combinent, s'organisent pour réaliser, par le progrès constant de l'être individuel et collectif, l'idéal conçu et désiré ; idéal de perfectionnement et de bonheur.

D'après ce plan logique, toute éviction d'un seul facteur de l'humanité est contraire aux principes de la science sociale et politique.

L'élimination de la femme dans la gestion des intérêts généraux, cause un dommage considérable aux nations et entrave leur marche.

Et, hormis certaines écoles socialistes, et en tête le saint-simonisme et le fourriérisme, les hommes d'État, réputés les plus fameux, n'ont été ni assez observateurs, ni d'assez bonne foi pour reconnaître par où leur système pêche. C'est à croire qu'ils ignorent l'histoire. Jamais, cependant, dans les terribles crises qu'a traversées l'humanité, la femme n'a manqué de fournir son contingent souvent décisif.

A divers intervalles, elle a montré brillamment ce dont elle était capable. Entraînée par la nécessité de l'évolution, surexcitée par le tragique d'une situation extrême, elle accomplit spontanément, douée d'une force intuitive, des actes de première grandeur.

De plus, dans les rares circonstances qui ont amené des femmes au pouvoir, les peuples ont-ils eu lieu de s'en plaindre? Les Élisabeth, les Catherine II, les Marie-Thérèse, et tant d'autres, n'ont-elles pas gouverné avec gloire? Et si l'on eût mis quelque héritier mâle à leur place, n'est-il pas supposable qu'il n'eût pas atteint la même hauteur. Examinez l'histoire générale et vous verrez que sur trente souverains appartenant au sexe, *dit noble*, il y en a à peine cinq de capables. Il devient alors extraordinaire que sur le petit nombre de femmes parvenues au trône sans avoir, remarquez-le bien, été l'objet d'un choix et d'une sélection, plusieurs se soient révélées politiques de génie.

N'est-il pas singulier que, dans une des situations de la vie où il faille déployer le plus d'énergie, le plus de volonté et le plus de profondeur de vue, la femme ait été, pour le moins, l'égale de l'homme? Et chose curieuse, c'est que la femme ayant atteint de temps à autre la dignité suprême : royauté, empire, impliquant l'exercice de la puissance absolue, elle n'ait été, nulle part, électeur. Une seule explication est possible : dès que la logique est bannie, l'inconséquence a le champ libre.

« Vous n'avez, me dira-t-on, cité que des exceptions, et les exceptions ne font pas la règle. En thèse générale, l'homme est supérieur à la femme. Il est donc juste de conférer à ce dernier la direction des affaires de la famille et des affaires de l'État. »

Ce raisonnement est en complète contradiction avec le système politique actuel; car, à notre époque, les droits politiques ne sont pas reconnus en proportion des capacités et du savoir des individus; l'homme le plus médiocre, le plus ignorant comme l'homme le plus savant, jouit de ce droit et l'exerce. Quelle subtilité peut-on invoquer pour éliminer du suffrage universel la moitié de l'humanité?

Il est clair que, par ce fait, la justice la plus élémentaire est violée.

« Depuis quand les femmes s'occupent-elles de politique? » demandait Bonaparte à Mme de Staël. « Depuis qu'on les guillotine », répondait-elle. Elle eut pu dire, avec plus d'exactitude, que la femme a été victime, tout aussi bien que son compagnon, des fureurs religieuses, guerrières, et révolutionnaires. Loin de l'épargner à cause de la faiblesse de son sexe, on l'a rendue responsable de fautes qu'elle n'avait pas commises.

De tout temps, elle a été, à l'occasion, pendue, décapitée, torturée, brûlée, massacrée; ce qui n'est pas plus doux que la guillotine. On n'a pas attendu Quatre-vingt-treize pour lui donner l'égalité dans les supplices. C'est la seule dont elle puisse se vanter jusqu'à ce jour.

C'est donc un déni de justice commis à son égard. Examinons quelles en ont été les conséquences.

Il a été généralement reconnu que la femme a une tendance naturelle au dévouement, une disposition à s'oublier elle-même pour ceux qu'elle aime. Propension admirable et féconde dans la chose publique. Mais, tout justement, comme nous l'avons fait observer, la femme est éliminée de la politique. Aussi, par un sentiment de dignité instinctive, méprise-t-elle la politique comme viande creuse. Elle reporte alors, exclusivement, dans la famille, ses aspirations affectives. Elle ne connaît que les siens, ne se soucie que des intérêts de sa maison. Elle se persuade même que, pour les amener à bien, il suffit de se concentrer sur eux. Sa raison, privée de large culture, rétrécit son jugement et l'empêche de percevoir les rapports, les relations et les enchaînements qui existent entre l'ordre privé et l'ordre social. La solidarité universelle, considérée comme loi, la laisse incrédule. La grande conception sociale lui échappe parce que toutes les idées appartenant à la catégorie généralisatrice, lui font défaut par l'étroitesse du programme éducateur qui lui a été imposé. Rien, dans la suite, ne supplée à cette indigence.

Au siècle dernier, les salons tenaient lieu aux femmes du monde des études qui leur manquaient; avec cette admirable faculté d'assimilation dont elles sont douées, leur intelligence s'était approprié une somme de connaissances suffisantes pour exercer une action considérable sur la société d'alors.

La conversation, forme vivante et attrayante de l'enseignement, s'emparait de tous les sujets : philosophie, science, politique, lettres, étaient traitées simultanément avec compétence, verve et chaleur. Les femmes ne restaient indifférentes à aucune de ces effervescences de la pensée humaine. C'était dans les salons que se manifestait ce luxe intellectuel et que s'établissaient les relations supérieures de l'esprit; les correspondances les plus intéressantes et les plus élevées en étaient la conséquence.

Depuis près d'un siècle, la majorité des femmes est relativement plus instruite; la plupart écrivent l'orthographe couramment et ont des notions diverses. Malgré ce progrès dans la culture de leur esprit, elles manquent de ce sens supérieur que donnait à nos mères le contact permanent des cerveaux d'élite.

Les mœurs de la mondanité moderne s'étant modifiées, défavorablement, par l'installation des cercles et l'introduction du cigare, l'action des salons devient nulle. Et c'est ainsi que sur aucun terrain les femmes ne sont initiées à la philosophie des choses. Elles se confinent dans l'espace étriqué de la famille et des petits groupes, et se croient très pratiques. C'est ainsi qu'elles comprennent qu'on se sacrifie pour des personnes, et qu'elles estiment insensé qu'on se dévoue à des idées.

Tout ce qui ne s'incarne pas, ne s'individualise pas, tout ce qui n'est pas quelqu'un, les laisse indifférentes et froides. Et ce n'est pas leur faute, mais celle de leur sotte éducation. On leur a d'abord imposé des croyances sans leur permettre de les raisonner; elles ont donc perdu le goût du libre examen. Libérées, plus tard, des époques de fanatisme où l'exaltation avait toute prise sur leurs cerveaux peu exercés, elles sont tombées dans une positivité d'esprit qui les garde de tout enthousiasme, qu'elles considèrent, d'ailleurs, comme les écarts d'une imagination mal réglée.

Elles veulent ignorer à quel point on peut se passionner pour une idée que l'on croit une vérité, et qu'on poursuit avec un acharnement sans égal ; vérité qui vous envahit, vous possède plus que tous les autres sentiments, car elle est éternelle et survit aux individus et aux générations. Ce qu'elle était avant vous, elle le sera encore après vous, et votre esprit espère la rencontrer dans une vie meilleure à l'état de réalisation. Prenons, par exemple, l'idée de liberté pour un peuple, d'indépendance pour un pays. Cette idée est si forte, si puissante, que rien que pour la proclamer et la répandre, les âmes généreuses compromettent leur propre liberté et leur sécurité personnelle.

Sans doute, et je ne saurais trop insister, dans les grandes crises politiques et sociales que traverse l'histoire, ces aspirations supérieures se réveillent souvent tout à coup là où elles semblaient avoir été le moins cultivées, et tentent de s'actualiser. Il n'est donc pas extraordinaire de voir ce phénomène s'accomplir chez quelques femmes, sans préparation préalable. Alors surgissent les grandes figures auxquelles il n'a manqué ni génie, ni héroïsme, qui, dans l'antiquité, s'appellent Cornélie, Porcia, etc., etc., et de nos temps, Jeanne d'Arc, Mme Rolland, Mme de Staël, etc. Mais cette poussée spontanée, produite par la surexcitation d'un milieu passionnément agité, est de courte durée. Sans lien avec le passé vécu, sans préparation mentale antérieure, elle ne dispose d'aucun élément de continuité, et le grand effort fait est bientôt suivi de lassitude et d'apathie. L'habitude de l'esprit n'est pas contractée, et les femmes abandonnent les hautes préoccupations finissant par les juger nuisibles à leurs intérêts domestiques. C'est ainsi que les tendances de dévouement qui caractérisent les femmes, comme nous venons de le dire, se convertissent en égoïsme, égoïsme à plusieurs, s'entend. La société se scinde alors en petits groupes qui ne pensent et n'agissent que pour eux.

Il y a antagonisme entre la vie familiale et la vie nationale. Chaque famille voudrait tout tirer de la société et lui donner le moins possible.

La femme n'admet qu'on s'occupe de politique que lorsque celle-ci offre une carrière avantageuse pour l'un des siens. S'il n'a de chance que de demeurer simple citoyen, simple électeur, ne devant bénéficier d'aucune part de profit ni de grandeur, pourquoi prendrait-il tant de soucis des affaires du Gouvernement? Ne pourrait-il pas même, en déployant trop de zèle, nuire à ses intérêts, à ceux de ses enfants? Ah ! s'il s'agit de la députation pour son mari, son fils, son frère, elle change d'avis et devient tout feu tout flamme. Elle entrevoit là un but positif qu'elle est anxieuse d'atteindre. Elle se livre à une propagande effrénée ; au besoin, elle rédigera les discours; aucune polémique ne lui coûtera. Mais, ici, elle ne dépense tant d'activité, tant de bon vouloir que *pro domo sua*.

Et pour réunir plus de chance de succès dans l'élection s'il faut dévier quelque peu de la ligne qu'on avait suivie jusque-là, et faire une évolution habile, la femme sera la première à engager son mari à l'effectuer.

S'il est retenu dans cette voie de revirement par quelques velléités de pudeur ; s'il craint qu'un jour, peut-être prochain, on lui reproche de n'avoir changé d'opinion que pour agrandir sa fortune, sa femme proteste ; elle le prêche, le sermone, elle touche à l'éloquence, elle trouve les scrupules puérils ; elle lui met sous les yeux des exemples, et elle en cite, et elle en cite.....

Il ne faut pas tant de sollicitations pour décider un ambitieux.

Que sera-ce, s'il y a la perspective d'un portefeuille ? Il est des femmes qui, pour faire les honneurs d'un ministère, sacrifieraient tout, sans restriction.

« Mais savez-vous, me dira-t-on, que vous faites là une critique sanglante des femmes, et que cette façon de nous les représenter infirme la légitimité de vos revendications en leur faveur. »

Non point; tout au contraire, répondrai-je. Cette critique met en relief la logique des femmes et l'illogisme des hommes.

La femme éliminée des études transcendantes, la femme exclue de l'état-major de toute direction humaine, finit par douter de la valeur des choses qu'on lui interdit de connaître. Elle les prend en un certain dédain. Philosophie, politique, lui paraissent l'objet d'opinions controversables et contradictoires ; et les nombreux avatars des hommes, les démentis qu'ils se donnent à eux-mêmes dans leurs écrits et leurs actes, la fortifient encore dans ce jugement. Tout ce qui s'appelle femme sensée, soucieuse de mener à bien les intérêts de sa maison et de sa famille, croit de la plus haute sagesse de ne pas s'occuper de ces questions propres à compromettre l'avenir des siens, et d'en détourner ceux-ci. Fidèle à son programme et à la mission qui lui a été imposée, elle reste dans la sphère positive des faits, et elle se défie des théories. Elle n'estime que ce qui est susceptible de se convertir en résultat palpable : honneurs, richesses, réputation. Parquée au foyer, elle veut la prospérité domestique et est contraire à tout ce qui y fait obstacle. Pour elle, philosophie, politique, art, littérature ne sont que des moyens; et s'ils sont infructueux, elle les appelle rêves, utopies. Les conséquences dommageables de cet antagonisme établi entre l'esprit familial et l'esprit social sont flagrantes.

Si, d'une part, la femme du foyer inculque l'individualisme à son entourage, de l'autre, la femme en dehors de la famille, c'est-à-dire celle qui se classe dans le monde irrégulier, s'efforce de vivre au détriment de l'organisation domestique et de l'organisation sociale. La première sème l'égoïsme, la seconde, la corruption.

Ainsi ces deux types de femmes, de bonnes et de mauvaises mœurs, contribuent, par des manières d'être opposées, au dérangement du plan général et à l'ajournement indéfini du progrès.

Cette agglomération considérable qui s'appelle une nation est morcelée en molécules qui ont chacune leur intérêt particulier. C'est donc la cupidité et l'ambition personnelle qui tiennent lieu de principes conducteurs.

Il y a bien la religion qui, sous notre régime actuel, s'efforce de prendre un regain de vitalité. Cette reprise est plus superficielle que profonde ; et les pratiques superstitieuses ne l'empêcheront pas de disparaître sous l'action progressive des conquêtes de la science. Avenir que seule une minorité de savants peut entrevoir.

Il y aurait bien aussi la philosophie ; malheureusement, comme nous l'avons fait remarquer, étant interdite aux femmes, elle est par cela même bannie de la vie du foyer et de celle des salons. Cultivée de 17 à 18 ans par les écoliers pendant l'année de rhétorique, elle ne prend racine nulle part ; elle n'est qu'un ornement de l'esprit propre à figurer dans les discours et dans les écrits, mais n'entrant pour rien dans la pratique de l'existence et dans le déterminisme des actes.

La société renferme donc, sous une apparence d'unité, de concorde, la division et la désagrégation.

Quant à la politique, privée des principes élevés que doivent lui fournir les conceptions supérieures, elle reste un tissu d'intrigues tramées par les multiples compétitions. Et comme l'égoïsme et la corruption se généralisent avec les progrès matériels, la politique n'offre plus qu'un conflit de prétentions et d'ambitions personnelles de toute provenance.

Dégagées des préoccupations d'un ordre transcendant,

les générations gravitent vers un idéal de plus en plus abaissé. Le fameux : « Enrichissez-vous ! » de M. Guizot, devient le cri de ralliement. Chacun ne songe qu'à une chose : se faire une position. Se faire une position n'est pas le mot exact, c'est une situation toute faite qu'on veut trouver sans peine, sans fatigue, sans lenteur.

Plus l'industrie s'approprie les découvertes de la science et en applique les procédés, plus l'essor financier s'accentue, plus les masses aspirent à une vie sans effort et sans lutte.

C'est une course effrénée à la fortune, à la jouissance, à laquelle tous veulent prendre part. Ce qui est donc progrès d'un côté, au point de vue du bien-être, marque une déchéance de l'autre, au point de vue moral.

Le monde de l'argent se confond avec le monde du plaisir : le premier ne dépense d'activité que pour parvenir au second. Or, c'est justement cette moitié de l'humanité déclassée, asservie, par une législation injuste, qui cherche une compensation, sinon une revanche, dans le trouble des sens et des passions qu'elle provoque. Et je n'attaque pas seulement, ici, la société française, mais la société tout entière dans ses parties prétendues les plus civilisées. Telle est la flore d'une injustice initiale qui, à mesure que le progrès s'accentue dans le domaine scientifique, devient, de plus en plus, envahissante sur tous les degrés de l'échelle sociale, comme pour démontrer qu'un vice fondamental est à la base de la collectivité organisée du Sud au Nord, de l'Orient au Couchant.

Qui donc peut expliquer qu'ayant connaissance des axiomes moraux les plus transcendants, sanctionnés par l'expérience des siècles, on puisse répondre à qui se plaint d'une mesure arbitraire, d'une concussion, d'un abus : question d'administration, les principes n'ont rien à y voir ; question politique, la morale n'y a que faire ; question industrielle, qu'a cela de commun avec la philanthropie ?

Or, si la morale, la justice, ne se trouvent ni dans

l'administration, ni dans la politique, ni dans l'industrie, avouons qu'elles ne se trouvent nulle part.

La jeunesse n'est-elle pas l'exubérance de la vie, de la générosité, de l'imagination, de l'enthousiasme? N'est-ce pas encore là qu'on doit trouver le désintéressement?

Oui, les jeunes gens ne manquent pas, mais il leur manque la jeunesse.

Ce n'est certes pas la famille qui a pu les former, puisqu'elle leur a donné l'exemple de l'arbitraire; chaque génération reflète ce qui lui a été enseigné par l'expérience. Eh dame ! à la longue, cela agit.

Certes, il ne manque pas de critiques qui constatent cet état de choses. Mais savez-vous quelle conclusion on en tire? c'est que la femme est un obstacle au progrès; qu'elle est essentiellement réactionnaire et rétrograde; que, de plus, sa coquetterie et son goût du luxe précipitent les décadences.

Voilà ce qui se répète et s'imprime dans les journaux.

Ce sont les hommes qui ont empêché le cerveau de la femme de s'exercer et qui lui ont imposé, par une éducation arriérée, la superstition, l'erreur, et qui se plaignent, aujourd'hui, de la récolte lorsqu'ils ont fait la semence !

Depuis le commencement du monde, s'imaginant suffire à tout, ils sont à la tête des affaires. Ils légifèrent, constituent, organisent, rédigent des programmes, fondent des religions, propagent des doctrines, des systèmes, font des révolutions sans jamais consulter la femme, sans jamais lui demander son avis.

Mais nous dirons aux hommes : « Si les choses se passent ainsi, c'est à vous qu'il faut s'en prendre. Vous êtes seuls responsables; reconnaissez donc qu'à vous seuls vous êtes insuffisants. Vous avez voulu refouler une force humaine, présentement elle vous fait échec. C'est vous qui, par le rejet de la femme votre collaboratrice suivant la nature, avez préparé le milieu contre lequel vous récriminez et vous protestez aujourd'hui. »

En diminuant la femme, vous vous êtes diminués, et la société est en déficit. Elle évolue dans des conditions anormales n'étant pas en possession de toutes ses ressources. Il s'ensuit que les réformes qu'exige le progrès ne parviennent pas à s'effectuer.

Les idées de Patrie, de solidarité humaine et de perfectionnement qui composent le ciment de toute cité n'existent qu'à l'état théorique, sans valeur pratique pour la généralité. Il ne faut donc pas s'étonner que l'injustice, l'immoralité et la guerre battent leur plein.

LA FEMME DANS LE THÉATRE

Après avoir étudié les conditions de la femme dans le monde de la réalité : famille, société, et avoir critiqué les lois qui l'infériorisent, il n'est pas inutile d'examiner la place que lui donne l'opinion dans le monde fictif créé par l'imagination des poètes, des écrivains et des dramaturges.

Nous reconnaîtrons que, dans ce domaine, l'homme compose la femme suivant ses préjugés et ses passions, et que la femme, à son tour, se modèle d'après cette création de fantaisie.

C'est surtout sous la forme théâtre que l'antiquité nous fait connaître, d'une façon plus précise que l'histoire, les mœurs et les habitudes privées. C'est le théâtre qui met le mieux en relief les contradictions, les antinomies de la situation anormale de la femme et de son déclassement.

Nous verrons alors se former une tradition qui, malgré la marche des siècles et les progrès de la civilisation, se perpétuera dans les différentes œuvres. Ce sont naturellement les Grecs qui nous fournissent les premiers spécimens.

Ceux-ci, avec Eschyle, Sophocle, représentent le caractère dogmatique. Les personnages nous expliquent la genèse des dieux et leurs faits et gestes. Là, nous rencontrons, nettement exprimée, la déclaration solennelle de la supériorité du principe mâle.

Dans les *Euménides* d'Eschyle, lorsque Oreste, meurtrier de sa mère, fait à Delphes, puis à Athènes, une sorte de pélerinage pour consulter l'oracle, et que le chœur, le sachant parricide, veut sa condamnation, Apollon répond qu'il ne peut y avoir parricide, « parce que, dit-il, ce n'est pas la mère qui engendre ce qu'on appelle son enfant : elle n'est que la nourrice du germe versé dans son sein ; celui qui engendre est donc le père.

« La femme, comme un dépositaire, reçoit le germe et, quand il plaît aux dieux, elle le conserve.

« La preuve de ce que j'avance, c'est qu'on peut devenir père sans qu'il soit besoin de mère : témoin cette déesse, fille de Jupiter, roi de l'Olympe. Elle n'a point été nourrie dans les ténèbres du sein maternel ; et quelle déesse eût jamais produit un pareil rejeton ? » Minerve, plus loin, ne fait que corroborer cette opinion.

« Je n'ai pas de mère à qui je doive la vie ; ce que je favorise partout c'est le sexe viril, je suis donc toute pour la cause du père..... »

Je m'empresse de faire remarquer, ici, que l'auteur, étant un homme, fait parler la déesse suivant ses idées personnelles.

Cette répudiation de toute filiation et même de tout lien avec le sexe féminin, faite par Minerve, personnifiant dans l'Olympe l'intelligence et la sagesse, justifiera toutes les sorties brutales que divers personnages ne manqueront pas de faire dans la suite.

C'est ainsi que, dans les *Sept contre Thèbes*, Étéocle, s'adressant au chœur des suppliantes, qui viennent implorer leur dieu pour conjurer les malheurs qui menacent la ville, leur dit :

« Engeance insupportable, est-ce là le moyen de bien servir Thèbes ? Quoi ! tomber devant les images des dieux tutélaires ! pousser des cris ! Sexe détesté du sage ! Oh ! que jamais, ni dans mon infortune, ni au jour de ma prospérité, femme n'habite sous mon toit ! Intolérable par son orgueil après la victoire, la femme, quand elle craint encore, est une peste fatale à sa famille et à son pays. »

. . . .

Il est charmant, cet Étéocle, en vérité. Et de quel droit émet-il une opinion aussi impertinente, lui, parjure à sa parole et ayant pour sœur Antigone, le modèle de toutes les vertus.

Du reste, l'Hippolyte d'Euripide ne lui cède en rien, et il n'a aucune parenté avec l'Hippolyte de Racine.

Quand il apprend l'amour de Phèdre de la bouche même de la nourrice de celle-ci, il invoque Jupiter en ces termes :

« O Jupiter! pourquoi as-tu mis au monde les femmes, cette race de mauvais aloi? Si tu voulais donner l'existence au genre humain, il ne fallait pas faire naître des femmes; mais les hommes déposant dans les temples des offrandes d'or, de fer ou d'airain auraient acheté des enfants, chacun en raison de la valeur de ses dons; et ils auraient vécu dans leurs maisons libres et sans femmes. Mais, à présent, dès que nous pensons à introduire ce fléau dans nos maisons, nous épuisons toute notre fortune.

« Une chose prouve combien la femme est un fléau funeste : le père qui l'a mise au monde et l'a élevée y joint une dot pour la faire entrer dans une autre famille et s'en débarrasser. L'époux qui reçoit dans sa maison cette plante parasite se réjouit, il couvre de parure sa méprisable idole, il la charge de robes, le malheureux! il épuise toutes les ressources de son patrimoine, et est réduit à cette extrémité...

« Plus aisément, on supporte dans sa maison une femme nulle et inutile par sa simplicité. Mais je hais surtout la savante; que jamais, du moins, ma maison n'en reçoive qui sache plus qu'il ne convient à une femme de savoir; car ce sont les savantes que Vénus rend fécondes en fraudes, tandis que la femme simple, par l'insuffisance de son esprit, est exempte d'impudicité. Il faudrait que les femmes n'eussent point auprès d'elles de servantes, mais qu'elles fussent servies par des animaux muets pour qu'elles n'eussent personne à qui parler, ni qui pût à son tour leur adresser la parole. »

Cette tirade qui renferme autant d'absurdités que de propositions, démontre que, d'une part, le fils de Thésée n'avait aucune notion scientifique pour formuler le vœu ridicule qu'il adresse à Jupiter au sujet de la perpétuité de l'espèce, et que, d'autre part, son jugement porté sur la femme ignorante est absolument contraire à la vérité, car moins l'esprit a de culture, plus les instincts sensuels prédominent.

Mais ce qui nous surprend davantage, c'est ce mélange d'ordre fabuleux et de modernisme. Ainsi, le jeune Hippolyte, consacrant sa chasteté aux autels de Diane, n'est pas indifférent aux préoccupations d'économie intérieure. On dirait d'un bourgeois de nos jours supputant les dépenses qu'occasionne une femme coquette. Cette réflexion en appelle une autre qui est suscitée par l'élimination systématique de l'amour dans la tragédie antique. Il n'en est parlé que pour mémoire par quelque personnage chargé d'édifier les spectateurs sur les événements précédents, dont la connaissance est nécessaire à l'intelligence de la pièce ; et la plupart du temps, c'est le chœur qui en a la mission. Nulle part une scène d'amour ; et ce sont principalement les héros du drame qui semblent rester étrangers à la fougue de ce sentiment le plus violent de tous. Ici, l'orgueil masculin paraît s'accuser en se refusant à avouer qu'il est soumis à l'empire du fils de Vénus.

Certains critiques, je le sais, ont expliqué cette éviction par le caractère sacré que revêtaient ces œuvres dramatiques destinées exclusivement, à l'origine, à être jouées dans les cérémonies religieuses. Mais c'est là la plus mauvaise raison qu'on puisse donner, l'amour tenant une des premières places dans le panthéon olympien. Vénus, rangée parmi les douze grands dieux, avait ses autels et ses temples dans toutes les villes de Grèce ; et son action sur les faits et gestes des mortels était considérable puisqu'elle l'exerçait également sur les divinités ses collègues.

La base de toute théogonie antique, aussi bien orientale qu'occidentale, a un caractère essentiellement générateur. Cause fondamentale de ce qui devra suivre, elle n'est toujours que l'union ou syzygie de deux principes de genre différent dont le produit est un facteur nouveau.

« C'est l'Amour, le plus beau des immortels, suivant Hésiode », qui était au commencement. Il n'y avait pas de dieux avant que l'Amour eût mêlé toutes les choses. Mais de cette pénétration intime furent engendrés les dieux immortels. » De là l'extension du culte des divinités génératrices multipliant dans leurs représentations plastiques, à l'œil du croyant, les attributs de leurs facultés procréatrices. L'Amour est donc le grand attracteur et le grand producteur.

Ces tragédies nous font bien voir les produits de l'amour : Astyaniax, fruit de l'union d'Hector et d'Andromaque; Eurysacès, rejeton d'Ajax et de Tecmesse, mais elles ne nous font pas voir l'amour dans l'intensité de son expression.

Chez Hélène, chez Phèdre, il n'est plus qu'une calamité. L'amour ainsi dépeint semble dénué de toute liberté : la fatalité l'impose; c'est ainsi que Phèdre déplore la passion qui la consume. Elle y voit le signe de la malédiction des dieux ou plutôt de la vengeance de Vénus. Il est vrai que l'Hippolyte, tel que nous le présente Euripide, est loin de justifier les transports dont il est l'objet. Dans les deux cas, les créatures qui en sont possédées sont deux femmes.

Il y a donc là affectation de la part des tragiques.

Achille, dans *Iphigénie en Aulide*, éprouve bien un sentiment de pitié pour la fille d'Agamemnon, vouée à l'holocauste par l'oracle de Calchas. Mais la jeunesse, la beauté de celle-ci ne font pas une impression plus vive sur son cœur. Est-ce à dire que la société grecque ne connaissait pas l'amour dans ce qu'il a d'idéal et de délicat ? Quelle erreur ! On a prétendu que l'amour physique, l'entraînement des sens avaient seuls prise sur les hommes. On n'a qu'à lire quelques passages des poésies qu'adressait Alcée à Sapho pour rectifier ce jugement.

Et tant d'autres poètes n'ont-ils pas chanté avec toutes les grâces d'une plume exercée et l'exaltation d'un cœur fortement épris, les tendresses de l'amour.

Cette omission volontaire d'un sentiment prédominant manifeste cette sourde rancune de l'homme humilié dans son orgueil de subir, à un instant donné, la puissance féminime, puissance propre à lui faire perdre toute volonté et toute raison.

Aussi, dans toute scène ou dialogue entre un homme et une femme, le premier garde-t-il une attitude froide, hautaine, propre à mettre en évidence la démarcation qui se tient entre les deux sexes. C'est ainsi qu'Achille dit à Clytemnestre : « Il est malséant pour moi de m'entretenir avec des femmes. » 500 ans plus tard, Jésus ne fait que continuer la tradition lorsqu'il dit à sa mère : « Femme, qu'y a-t-il de commun entre vous et moi ? »

Eschyle prête à Agamemnon un singulier langage quand de retour dans sa maison, après la prise de Troie, il répond à Clytemnestre, qui, pour mieux dissimuler sa vengeance, le reçoit avec les marques de la joie la plus vive : « Fille de Léda, gardienne de mes foyers, ton discours est mesuré sur mon absence, il est long! » Dans l'*Alceste* d'Euripide, Admète exprime le sentiment conjugal en termes émus. La scène, avec son épouse, a de la sensibilité, de la tendresse. Admète paraît plongé dans le plus profond désespoir à l'idée de perdre sa compagne, objet de son amour et mère de ses enfants. Malheureusement, cet étalage de douleur peut paraître suspect, car Admète accepte pour sauver sa propre existence, que sa femme sacrifie la sienne ; et la scène qui suit où Admète reproche à son père, Phérès, de ne s'être pas dévoué pour lui et d'avoir laissé périr Alceste le prouve surabondamment, d'autant que le père lui répond indigné : — « Toi-même, tu as bataillé sans honte pour ne pas mourir, tu vis, en sacrifiant ton épouse. Et tu me reproches ma lâcheté, infâme, vaincu par une femme qui est morte pour toi, beau jeune homme ! Tu as trouvé là un moyen de ne jamais mourir, si tu peux persuader à l'épouse que tu auras de mourir pour toi. Et ensuite tu fais un reproche à tes amis qui se refusent à le faire quand toi-même tu n'en as pas eu le courage ? »

Voilà qui est clair et qui ne laisse aucun doute sur la prétendue sincérité d'Admète.

On me permettra une parenthèse à ce propos. J'aperçois bien, dans la fable et dans l'histoire, des femmes qui se dévouent pour leurs époux, mais je regrette de ne pas voir la réciproque en égale proportion.

Il ressort de la tragédie antique que la femme y est considérée comme appartenant à un sexe inférieur ; et comme les Eschyle, les Sophocle et les Euripide étaient des hommes, ils n'ont eu garde de réagir contre des préjugés qui consacraient leur suprématie.

Quelques-uns prétendent même qu'Euripide était mysogyne, et que les femmes macédoniennes, irritées des injures qu'il faisait débiter par ses personnages contre leur sexe, le mirent en pièces.

Cette fin du célèbre tragique, trop ressemblante avec celle d'Orphée, n'a pas été considérée comme véridique.

Quoi qu'il en soit, ce qu'il nous importe de constater, c'est que le monde fictif reflète les contradictions du monde réel. En effet, les auteurs précités se montrent illogiques ; car s'ils tenaient à justifier la mauvaise opinion qu'ils avaient des femmes, leur premier soin devait être de ne pas placer sur les lèvres de celles-ci des paroles décelant la profondeur de la pensée et l'élévation des sentiments. Il leur eût fallu abaisser le caractère féminin : leur partialité n'a pas été jusque-là. De telle sorte que, si l'on établit une comparaison entre les héros et les héroïnes de la tragédie antique, les Iphigénie, les Polyxène, les Antigone, etc., les Alceste, les Tecmesse paraissent de beaucoup supérieures aux Agamemnon, aux Achille, aux Ulysse, aux Ajax, tous orgueilleux, dominateurs et mesquinement personnels.

Je sais bien que lesdits auteurs se rattrapent en faisant confesser par leurs héroïnes la légitimité de la subalternité féminine.

Ne font-ils pas dire à Iphigénie, lorsqu'elle se résigne au sacrifice de sa vie : « La vie d'un homme est plus précieuse que celle de mille femmes. Et si Diane veut prendre mon sang, moi, faible mortelle, pourrai-je résister à la déesse ? Ce serait impossible. Je me dévoue donc à la Grèce. »

C'est un homme qui s'est fait l'interprète des sentiments de la fille d'Agamemnon, mais nous ignorons absolument si l'Iphigénie en question les a partagés, si tant est qu'elle ait existé.

Dans les *Suppliantes* d'Euripide, Athra, mère de Thésée, dit, après avoir longuement, logiquement discouru : « Je sais qu'il n'est pas permis aux femmes de bien parler. »

D'autre part, et dans un autre passage, Thésée reconnaît « que la sagesse parle souvent par la bouche des femmes. » Il est bon de prendre note de ce retour à la vérité.

Mais la contradiction ne s'arrête pas là. Nous voyons la femme, comme souveraine, obtenir les honneurs et exercer l'autorité. La tragédie « des Perses » d'Eschyle nous présente Atossa, mère de Xerxès, consultée par les anciens de la ville. Elle arrive dans Suse montée sur un char ; inquiète de l'armée des Perses, elle vient chercher des nouvelles ; et c'est en ces termes que le chœur l'accueille : « Mais voilà qu'une lumière apparaît aussi brillante que l'œil des dieux : c'est la mère du roi, c'est ma reine ; je tombe à ses pieds, que toutes nos voix s'élèvent : offrons lui les hommages qui lui sont dus. »

Evidemment les inconséquences pullulent : l'Olympe en donne l'exemple à la Terre. A ce sujet, il est un argument qu'on ne se lassera pas de nous opposer et auquel nous ne nous lasserons pas de répondre, c'est celui qui consiste à signaler, comme une adhésion à l'état de choses, l'acceptation de la femme. Comment des Sapho, des Corinne, des Erinna, et tant d'autres douées de génie, n'ont-elles pas élevé leurs voix éloquentes pour revendiquer leur droit et celui de leurs semblables ? C'est que, parvenues elles-mêmes, à la gloire par leurs travaux, elles s'accommodaient fort bien de l'état d'effacement du reste de leur sexe, le jugeant propre à prêter plus d'éclat à leur mérite et à leur réputation ; et que, d'autre part, comme nous en avons fait déjà l'observation, les femmes de tous les temps ont cru prendre amplement leur revanche par l'amour qu'elles inspirent ; l'amour, loi naturelle, loi supérieure, qui réduit à néant toutes les inégalités factices.

De la tragédie, naît la comédie. Dans la comédie, nous pénétrons la vie intime, la vie privée. Il n'est plus, ici, question des personnages dits héroïques appartenant plus à la fable qu'à l'histoire, mais d'individus appartenant à la réalité.

Les éléments de la comédie antique sont restreints.

Peut-être Aristophane n'a-t-il parlé plus librement que parce qu'il était ennemi de toute réforme et de toute nouveauté ; à ce titre, il avait chance d'être bien vu des gouvernants. Ce qui attire notre attention sur le point qui nous occupe, c'est qu'Aristophane, dans son plaidoyer pour la paix, incarne cette idée dans une femme et en fait son héroïne, *Lysistrata*. Pour bien comprendre l'importance du fait, il faut se souvenir que la comédie antique grecque et latine laisse peu de place à la femme ; l'ingénue est un personnage muet qui se tient dans la coulisse ; la matrone fait de rares apparitions pour dire une parole de bons sens enveloppée d'une forme aigre ; la scène appartient à la courtisane, la meretrix, etc., etc., les mœurs du gynécée ne devant pas être soumises à l'appréciation d'un public.

Or, contre toute règle, Lysistrata n'est pas une courtisane, elle est l'épouse d'un des citoyens les plus considérables d'Athènes. Lysistrata abhorre la guerre et elle aime la paix, condition de tout progrès. Pour faire triompher son opinion, Lysistrata assemble toutes les femmes de la Grèce et elle leur tient un discours rempli d'arguments solides, tels que pourraient le faire les membres les plus autorisés des Congrès de paix actuels. Suivant elle, la guerre est chose absurde ; c'est la ruine des maisons, la mort des enfants, l'anéantissement de toute civilisation.

Lysistrata est une femme de grand caractère et de grand sens; elle relève l'énergie de ses compagnes souvent défaillantes et, tout comme un chef d'armée, elle finit par obtenir d'elles un concours efficace; et, ce qu'il y a de curieux à noter, c'est que, malgré les obscénités de langage que se permet trop fréquemment Aristophane, il a conservé intacte la dignité de son héroïne dont l'honneur ne peut être un instant suspecté.

Il est à remarquer que c'est la première fois qu'un rôle d'initiative est confié à une femme.

En somme, Lysistrata personnifie l'idée de paix ; et, en vérité, je ne m'explique pas que des érudits aient vu là une critique contre les femmes et leur ingérence dans les affaires publiques.

L'*Assemblée des Femmes*, elle-même, paraît plutôt une critique des doctrines communistes et des droits qu'elles impliquent qu'une satire contre l'égalité des sexes.

C'est encore une femme, Praxagora, qui est promotrice du mouvement. Elle a engagé les citoyennes à s'emparer du manteau et du bâton de leurs maris, plongés dans le sommeil, pour monter à la tribune aux harangues et y faire triompher leurs idées. Et elles s'y expriment si bien qu'elles obtiennent les suffrages du peuple, leur déguisement empêchant de reconnaître leur sexe.

La comédie grecque ne se borne pas à Aristophane, elle a encore Ménandre, auteur de grande valeur, mais dont il reste peu de choses. Heureusement que Térence s'en était inspiré. Nous ne rencontrerons pas chez Térence, ni Plaute, les hardiesses d'Aristophane pour la bonne raison qu'à Rome, on ne supportait pas, en vertu de la loi des Douze Tables, les chants diffamatoires ni qu'un auteur se permît de mettre en scène des personnages vivants.

Le poète Névius, qui n'avait pas craint d'attaquer des hommes puissants, en fut cruellement puni par la prison et par l'exil. Cet exemple sévère rendit ses successeurs plus circonspects. Cette observation faite, revenons à l'objet qui nous occupe. C'est seulement dans l'*Eunuque* que le poète latin met en scène une femme d'esprit, c'est Thaïs, la courtisane. Cette femme n'a pas seulement de l'intelligence, mais encore des sentiments généreux; elle se dévoue sous l'inspiration du sentiment fraternel. C'est une femme d'esprit et de caractère.

Nous rencontrons donc dans la comédie grecque et latine trois femmes de tête, capables de ne prendre conseil que d'elles-mêmes et d'agir.

Dans la suite, le théâtre subit un arrêt, j'entends par là, qu'il décline.

La chute de l'Empire romain, l'invasion des diverses races présentent une confusion d'éléments hétérogènes qui se combattent, se neutralisent ou se combinent. Il y a antagonisme des croyances, des consciences, des esprits; de plus, le contact des idiomes barbares trouble la pureté de la langue faite. Enfin, le désordre est partout, il n'y a plus de lettres; et avant que de ce chaos, où tous les principes les plus opposés se coudoient, il ressorte une manifestation littéraire du monde moderne, il se passera six siècles de pénible élaboration.

Evidemment le moyen âge est vide; quant au théâtre,

les légendes religieuses en font les frais. Les mystères fournissent la trame. Ce n'est ni la Vierge, ni Marie-Madeleine, ni même les vierges folles qui offrent un caractère à étudier, c'est la négation de tout caractère et de toute volonté. La nouvelle doctrine n'apporte aucun document scénique, car elle est l'annihilation, l'effacement de l'autonomie humaine. La femme y est déclarée définitivement inférieure. Et à ce compte, la Vierge n'est exaltée qu'en raison même de sa nullité. C'est la consécration de la vieille erreur primordiale, c'est l'Ève de l'origine qui n'obtient sa réhabilitation qu'en abdiquant toute indépendance : « Je suis la servante du Seigneur. » Tels sont les termes et l'esprit de la nouvelle formule.

Le réveil du théâtre se manifeste à la Renaissance, et ce n'est qu'une reprise du théâtre antique, ou, pour mieux dire, une imitation ; les légendes chrétiennes ne paraissant pas offrir les matériaux littéraires suffisants. Jodelle et Garnier n'apportent rien d'original. Ils croient même bien faire en donnant aux textes anciens la couleur d'une époque ultérieure.

C'est, il faut bien le reconnaître, l'Angleterre qui, par la personne de Shakespeare, fait révolution dans le théâtre. Shakespeare fait des excursions sur un terrain nouveau. Il ne s'agit plus seulement d'imiter les Grecs et les Romains, qu'il a, à l'occasion, traités suivant sa fantaisie dans quelques-unes de ses œuvres, mais de la société dite la sienne, même à quelques siècles d'intervalle. Il laisse de côté les dieux de l'Olympe et s'occupe de l'état d'esprit né de la nouvelle doctrine. Les héroïnes de Shakespeare sont tout à l'amour. Avec l'auteur anglais, la passion fait son entrée en scène ; non pas la passion fatale, inspirée par les dieux, mais la passion suivant la loi naturelle.

Toutes les héroïnes de l'auteur anglais sont asservies à l'amour, mais aucune n'est courtisane. Et du reste, bien plus tard, ni Corneille, ni Racine, ni Molière ne présenteront en scène la *Marchande d'amour*. Ophélie, Juliette,

Desdémone, en sont les victimes passives : ni la raison ni la volonté ne les font triompher de ce sentiment violent et dominateur.

L'amour mis à l'écart chez les tragiques grecs et latins, l'amour à peine ébauché chez les Ménandre, les Térence, les Plaute, car ceux-ci ne le traitent jamais directement du sujet à l'objet qui l'inspire, mais dans des récits ou des confidences ; l'amour, dis-je, devient l'élément du spectacle. Et c'est là un progrès à signaler chez l'auteur anglais, c'est qu'il établit l'égalité des deux sexes par la puissance de l'amour, auquel l'un et l'autre sont soumis au même degré. Seulement, son impartialité s'arrête là, et il se garde d'aller jusqu'à l'égalité cérébrale.

Quand Shakespeare produit dans ses œuvres une femme énergique, capable d'exercer son influence, il la fait criminelle, témoin lady Macbeth.

Toutes ses héroïnes n'ont, comme force morale, que la violence de leurs sentiments ; la raison ne les guide en rien La douce et poétique Ophélie est, quant au cerveau, trop faiblement organisée pour supporter les épreuves qu'elle traverse ; la folie s'en empare. Juliette, Desdémone, n'y échappent que par la mort.

Il est facile de saisir l'opinion de Shakespeare à ce sujet. Il croit à la supériorité masculine, bien qu'ayant pour souveraine un des plus grands génies politiques de l'époque, et j'ajouterai de l'histoire. Dans la *Méchante mise à la raison*, il expose, par la bouche d'un de ses personnages, une théorie qui ne laisse pas de doute à cet égard.

Du reste, nous devons le reconnaître comme circonstance atténuante, c'est le sentiment qui, pour les héros de Shakespeare quel que soit leur sexe, est le mobile les déterminant à agir ; mobile dont ils vivent et dont ils meurent. Hamlet, Othello, le roi Lear sont des impressionnables, des sentimentalistes et même Macbeth, subissant l'ascendant qu'a pris, charnellement, sa femme sur lui est tout à la fois sensible et sensuel.

Par une observation profonde, l'auteur anglais a compris que c'est dans le cœur qu'il faut chercher la puissance impulsive de nos actes et la source de toute chaleur, de toute véhémence et de tout mouvement extérieur.

Viennent, après lui, en France, Corneille et Racine; avec le génie, ils ont de plus une grande entente de la scène, ils ne craignent pas, comme les tragiques antiques, de reproduire la dynamique de l'amour; et, avec plus de logique et moins de parti pris, ils restituent à la nature son caractère prépondérant. L'*Achille* de Racine, contrairement à celui d'Euripide, est ardemment épris d'*Iphigénie*, ce qui double l'intérêt de la situation, et qui est beaucoup plus conforme à la réalité; la pièce y gagne en chaleur et en vitalité.

Mais quel que soit le mérite des Iphigénie, des Pauline, etc., etc., elles ne personnifient guère que la grandeur dans la passivité, la résignation au sacrifice ou la surexcitation nerveuse avec absence de tout raisonnement, telle que Pauline. Pauline ne se convertit pas frappée par les clartés de la vérité, mais par l'exaltation de l'amour conjugal. Polyeucte mort, elle veut le suivre. La puissance cérébrale n'y est pour rien, la sensibilité seule, est mise en jeu. Aucune de ces femmes ne se dévoue à une idée générale, à un principe.

Sans doute, l'énergie féminine s'incarne dans la Chimène et l'Emilie de Corneille. L'une et l'autre, observatrices du devoir, veulent venger la mort de leur père, et les deux, pour réaliser leur projet, risquent la vie de leur amant.

Dans le premier cas, Chimène a une situation complexe et contradictoire. Elle veut que le meurtrier de son père soit puni, et, pour comble d'infortune, elle adore ce meurtrier.

De là, lutte entre deux sentiments.

Emilie, elle, n'a pas la conscience ainsi partagée : elle invite Cinna, qu'elle aime, à servir sa vengeance, quitte à le sacrifier lui-même.

Mais quand arrive le dénouement, Chimène et Emilie me semblent manquer de grandeur d'âme et de dignité : Chimène en acceptant comme époux, après tant de belles tirades, Rodrigues qui a tué son père et qu'elle n'a jamais cessé d'aimer, malgré ses imprécations dont on peut, alors, suspecter la sincérité.

Emilie, qui après de si violents transports de haine, finit par renoncer à sa légitime vengeance en échange d'un redoublement de faveurs dont l'*accable* Auguste, suivant l'expression du texte.

On ne pourra s'empêcher de conclure que, pour acheter son ressentiment et le réduire, on n'avait qu'à y mettre le prix.

On concevrait que, désarmée par la magnanimité d'Auguste, elle abandonne l'idée de conspirer contre lui, mais ce qui est répréhensible, c'est qu'elle en agrée le bienfait.

Pour ce qui est de Camille, d'Hermione, de Phèdre, de Roxane, elles ont cela de commun avec les Juliette et les Desdémone que, tout entières à leur délire passionné, elles oublient, pour s'y livrer, conscience, famille et patrie.

Quant aux Athalie, aux Agrippine, leur vigueur, leur énergie ne s'accusent que dans le crime ; elles n'ont de l'ambition que ce qu'elle contient de perversité.

On dirait, suivant ces différents auteurs, que, lorsque la femme est douée d'une faculté dirigeante, elle sort de son cadre, et que toute son activité ne peut aboutir qu'à des actes condamnables.

L'intention de ces auteurs est d'autant manifeste, qu'aucun d'eux n'a été tenté de mettre en scène une de ces grandes figures féminines dont l'histoire fourmille et qui, pendant les crises que traversent les peuples, ont su, par leurs capacités, leur génie, leur caractère, sauver les situations les plus difficiles. Les plus célèbres écrivains ont même fait le silence sur Jeanne d'Arc !

Par contre, les anciens et les modernes ont mis en évidence les Clytemnestre, les Agrippine, les Athalie, les

Lucrèce Borgia, les Marguerite de Bourgogne, les Marie Tudor, les Catherine de Médicis, les Christine de Suède; et le caractère qu'ils leur prêtent et les actes dont il les rendent responsables appartiennent plus à la légende qu'à la réalité.

Qui, je le demande, peut être édifié sur la véracité du récit touchant la Tour de Nesle ? Nous sommes en droit de les accuser de faire de la sélection en sens inverse.

Tout récemment, un érudit connu d'un public d'élite, pour ses curieuses recherches, M. Hippolyte Rodrigues, a démontré, avec les documents les plus sérieux à l'appui, que Catherine de Médicis n'était pas, comme on le croit communément, l'instigatrice de la Saint-Barthélemy, qu'elle ne demandait que la disparition violente des principaux chefs; et que Charles IX, seul, avait décidé le massacre général sans l'assentiment de sa mère. Donc, non seulement les auteurs font de la sélection à rebours quand il s'agit des femmes, laissant le meilleur pour prendre le pire, mais encore ils altèrent la vérité en en amoindrissant les types qu'ils ont choisis. Victor Hugo, malgré son génie, n'a pas fait autre chose en transformant en impudique Marie Tudor, appelée la *Sanglante*. Scribe, dans le *Verre d'Eau*, nous a présenté, comme reine Anne, une écervelée qui n'a rien de commun avec l'original.

Ici, on me permettra d'ouvrir une courte parenthèse.

Toutes les fois qu'il se présente dans les annales de l'humanité un fait condamnable, messieurs les historiens ne manquent pas d'en reporter le responsabilité sur une femme. C'est toujours la légende édénienne d'Adam, qui, ayant participé à la prévarication, avec récidive, répond à Dieu qui l'objurgue: c'est la femme que vous m'avez donnée...

Il se disculpe en accusant sa compagne. Suivant lui, il n'a fait que céder à ses pressantes sollicitations. Il faut avouer que, d'après le récit biblique, notre ancêtre initial est d'une jolie couardise. L'exemple partant de si haut a été suivi de génération en génération, à toutes les époques et à tous les âges

C'est ainsi que, vulgairement, on met, exclusivement sur le compte de Mme de Maintenon, la révocation de l'Édit de Nantes, et les traîtrises de Louis XVI sur le compte de Marie-Antoinette.

Mais alors, si l'homme est tellement faible qu'il ne puisse se soustraire à l'ascendant féminin dans les circonstances les plus graves, par quelle étrange contradiction lui confère-t-on, dans la famille et la société, le pouvoir et l'autorité ?

Donc, dans la Tragédie antique et moderne, deux types féminins prédominent : Iphigénie et Clytemnestre, c'est-à-dire le sacrifice et le crime. Dans la Comédie moderne, la diversité des caractères féminins apparaît sur la scène et prend plus de place.

Grâce aux développements de l'évolution, les mœurs subissent d'importantes modifications, et les relations sociales s'en ressentent. La création des salons accomplit une sorte de révolution dans les esprits et dans les sentiments.

Pour la première fois, les deux sexes se rencontrent fréquemment et aux heures de loisir dans des réunions qui ne sont ni officielles, ni didactiques, ni privées ; elles sont familières autant qu'élégantes et choisies. Toutes les questions et tous les sujets y sont traités. C'est sur ce terrain que la femme fait briller son esprit, ses aptitudes à tout comprendre.

De ces contacts incessants entre les deux sexes, naissent les besoins de la correspondance. A distance, on éprouve le désir de ne pas interrompre l'échange des idées. L'imprimerie, la poste, qu'ignoraient l'antiquité et le moyen âge, rendent facile cette communication intellectuelle entre individus.

C'est sous la forme épistolaire, mise à la portée de tous, que la femme révèle ses facultés cérébrales trop souvent refoulées par les préjugés. Tour à tour, elle se montre, avec beaucoup d'éclat, observatrice, critique, littéraire, philosophe même. Et il est incontestable qu'il lui revient l'honneur d'avoir contribué, pour une large part, au développement de la pensée, à la formation et au perfectionnement de notre belle langue.

Pendant le XVIIe et le XVIIIe siècle, l'esprit de la femme est monnaie courante, il n'est plus exception ; on le rencontre dans la bourgeoisie comme dans la haute société.

Naturellement, la scène devait se ressentir de cet état de choses. Contrairement à ce qui se passe dans la comédie antique, où l'ingénue reste invisible et ne se fait entendre que dans la coulisse, à l'heure de la délivrance, en invoquant Lucine, car la plupart des ingénues, chez Térence et Plaute, cèdent aux sollicitations de l'amour avant d'attendre la *confarreatio* ou la *coemptio,* ces ingénues de Molière et de Regnard tiennent un rôle important ; et, ce qu'il est bon de remarquer, c'est que, bien qu'à une époque où l'autorité paternelle peut être impunément tyrannique, les filles ne craignent pas d'exprimer leurs sentiments avec une pleine franchise. Leur attitude est nette ; il n'y a point, de leur part, une réserve de convention. L'éducation nulle des couvents laisse leur esprit en quête des choses de la nature; et le bruit des intrigues de cour, parvenant jusqu'à elles, les initie prématurément.

Elles ne déguisent rien de leur inclination ; les Elise, les Lucile, les Henriette de Molière, les Agathe de Regnard se prononcent sans circonlocution. Elles se décident, à l'occasion, à opposer une résistance à la volonté de leurs parents ; et, par une logique instinctive, elles se montrent supérieures aux ingénues de Scribe, venu plus d'un siècle plus tard. Mais si l'ingénue prend sa place à la rampe, la courtisane est éliminée chez Molière, chez Regnard et les autres ; à son défaut, un nouveau personnage est introduit : la soubrette. La soubrette est une incarnation de la verve gauloise; avec une langue déliée, hardie, elle caractérise le bon sens. Nous la voyons réconforter les timides, les faibles, son argumentation familière est solide et n'est jamais prise au dépourvu. Sa répartie est aussi prompte que la parole, et, à peu près partout, elle détermine l'action; elle est, en un mot, le grand ressort de tout drame.

Dans le fait, les Elmire, les Célimène etc., sont très inférieures aux Lisette et aux Dorine, en énergie et en volonté. Mais de ce que Molière prêtait de l'esprit à ses soubrettes pour les nécessités de ses pièces, s'en suit-il qu'il croyait à l'égalité des sexes? Non pas. Malgré son génie, il ne s'est pas affranchi des préjugés du mâle. Si, dans l'*Ecole des Femmes*, il critique l'ignorance crasse imposée aux femmes, il blâme vivement le développement de leur instruction dans les ***Femmes savantes*** qu'il eût mieux fait d'appeler les ***Pédantes***; mais, en s'arrêtant au premier titre, il a essayé de démontrer que l'intelligence de la femme étant circonscrite dans des bornes étroites, elle tombait dans l'extravagance lorsqu'elle voulait les franchir. Ici, il a plus écouté sa passion de masculinité que la raison et l'expérience. L'amour de la science ne peut ridiculiser personne. Molière était dans le vrai quand il raillait jusquà l'outrance les précieuses. En cela, il rendait un immense service à la langue française et à l'esprit français qui puise sa clarté et son élégance dans la simplicité de la forme. Mais il se trompe sciemment, du tout au tout, quand il critique, chez un sexe qui n'est pas le sien, le désir de savoir.

Pour résumer, Molière n'admet pour la femme qu'un esprit moyen, et il s'horripile à la pensée qu'elle puisse dépasser cette mesure.

Si Henriette, Armande, Célimène, Elmire, et au-dessus d'elles les Lisette, les Dorine, etc., parlent avec esprit et témoignent d'une certaine profondeur, c'est que Molière met l'empreinte de son génie sur tous ces caractères. Il ne traite rien ordinairement.

Tout en laissant le naturel à ses personnages, il ne manque pas de leur faire dire tout ce que la situation comporte;

et lors même qu'ils sont sots, ils sont si logiques dans leur sottise qu'ils acquièrent de la valeur et deviennent presque intelligents.

Il se produit, du reste, le même phénomène, seulement en sens inverse, dans les pièces de certains de nos auteurs contemporains. N'ayant ni le calibre, ni l'envergure de Molière, il leur arrive qu'exhibant à la scène une personnalité supérieure, ils la rendent médiocre pour la bonne raison qu'ils y ont mis d'eux-mêmes.

Les successeurs de Molière n'ajoutent rien aux caractères féminins déjà créés. Loin même de les accentuer, ils les affaiblissent et les affadissent.

Bien que les temps de la Révolution soient proches, que le langage s'élève, que les voix haussent le ton et que le besoin de liberté s'accuse impérieusement dans les esprits et, conséquemment, dans les œuvres, les héroïnes du théâtre s'étiolent et se décolorent.

Si le Figaro, de Beaumarchais, représente, sous la forme individuelle, le peuple supérieur; s'il se dessine vigoureusement et fait d'un cas privé la chose collective ; si, généralisant ses jugements, il figure l'humanité tout entière et prête une voix aux justes revendications de celle-ci ; par contre, Suzanne n'est qu'un écho amoindri des Lisette et des Dorine. Rosine devenue comtesse d'Almaviva a perdu son brio de jeune fille révoltée, ce n'est plus qu'une désœuvrée sentimentale et nulle s'énamourant, faute de mieux, d'un adolescent dont elle fait, en même temps, sa poupée et son amant.

Et notez que c'est au XVIIIe siècle que Beaumarchais écrit; comment oubliait-il toute cette génération de femmes illustres qui, par leur esprit naturel, leur caractère, leur concours et leur participation ont su grouper et inspirer les savants, les littérateurs, perfectionner la langue française dans le style et dans la construction ?

Mais, continuons : la Révolution s'accomplit. On est disposé à croire qu'au théâtre, comme ailleurs, les rôles féminins devront se modifier et acquérir de l'importance, non point. Malgré l'affranchissement général, la femme reste dans l'infériorité légale.

Le bourgeoisisme se développant soumet les femmes à des convenances mesquines et étriquées. Substituer aux grands et rationnels principes de l'éthique des règlements arbitraires, en conséquence absurdes; faire aux jeunes filles une prescription du silence, et aux femmes, un mérite de leur nullité, c'est là, à leur égard, tout l'enseignement de la bourgeoisie.

Aussi, celles qui n'en ont pas tenu compte sont-elles sorties du cadre imposé.

Scribe, nous devons lui rendre cette justice, a parfaitement dépeint cette époque. Il fait défiler devant nos yeux toute une série d'ingénues niaises, de veuves sensibles et de coquettes qui ne sont que des sous-Célimène. La soubrette, elle-même, d'un esprit si alerte, d'une répartie si vive, dans l'ancienne comédie, en est réduite à n'être plus qu'une comparse subalterne propre à annoncer un personnage ou à porter une lettre.

En prenant nos auteurs actuels les plus réputés, s'en trouve-t-il un parmi eux qui ait essayé de produire devant la rampe la femme supérieure, la femme de tête, guidée par la raison et sachant par sa capacité diriger et administrer une maison, un établissement, être enfin artisane de sa fortune ? Mais dans le monde des affaires, on en compte par centaines. N'avons-nous pas aussi mille exemples à citer dans le domaine de l'enseignement, des arts, des lettres. Ah ! Messieurs les auteurs s'en gardent bien. Ce type de femme supérieure dérange leur plan, réduit à néant leur prétention. Songez donc, une femme qui, par ses facultés, son esprit de conduite, atteint la richesse, obtient la considération sans l'aide du mâle, c'est un véritable scandale ! Ils préfèrent de beaucoup s'en tenir, suivant les vieilles traditions, à l'exhibition de la femme créée pour l'homme, subordonnée à lui, soumise à sa loi, attendant tout de son bon plaisir ; en conséquence, s'appliquant à lui plaire, à le servir, à se dévouer pour lui. Puis, par antithèse, la femme qui fait opposition à la loi s'en affranchit ; et tournant le dos à la ligne droite, prend le chemin de traverse, et partant de là, ne mérite que le mépris public.

De ces deux extrêmes naissent quatre types, façonnés non suivant la loi naturelle, mais suivant la loi sociale provoquée par une moitié de l'humanité, intéressée à ce qu'il en soit ainsi. Telle est la gradation : l'ingénue, la femme honnête, la coquette, la courtisane. Chacun de ces types correspond à chacune des manières d'être de l'homme. En un mot, à la satisfaction de ses sens, de son imagination, et enfin de ses besoins de repos.

Il est évident que notre classement, ici, doit être compris en sens contraire.

Dans la vie de l'homme, c'est la femme légère, la coquette, la courtisane, qui occupent sa jeunesse. Là, il s'agit d'assouvir ses sens, ses appétits encouragés et stimulés par une éducation stupide. Dans les relations du monde, il trouve aussi un excitant et un amusement au contact de la coquette. Puis, quand arrive l'instant de se fixer définitivement, d'améliorer sa situation, il songe à l'ingénue qui fait excuser son ingénuité par une grosse dot. Qu'est-ce donc que l'ingénue ? C'est soi disant une ignorante, d'une assez profonde ignorance pour accepter, au début de la vie, comme compagnon de la vie, les restes d'une vie délabrée.

Tous les caractères féminins se produisant à la scène sont niais, médiocres, rusés ou pervers. Et nous sommes, à notre grand regret, forcée de le reconnaître, c'est la perversité qui a le mieux excité l'attention du public. La courtisane, une fois introduite, a réduit à néant tous les autres côtés féminins, elle les absorbe ; c'est à elle que sont réservés les grands effets ; elle seule a le privilège d'exprimer l'ironie, la passion et ses violences. C'est elle qui monte au plus haut degré le diapason dramatique. C'est elle, enfin, qui a le don d'impressionner le plus les spectateurs.

Jugeons-en en précisant. Passons en revue les héroïnes, appartenant à l'ordre régulier, d'Emile Augier, de Ponsard, d'Alexandre Dumas fils, de Sardou, d'Octave Feuillet ; nous les trouverons toutes plus nulles, plus incapables les unes que les autres.

Dans l'*Honneur et l'Argent* de Ponsard, les deux filles du solennel bourgeois Mercier rentrent dans la note commune ; une scène entre les deux sœurs, rappelle le dialogue de Mariane et de Dorine, de *Tartufe*, et n'en est qu'une réminiscence affaiblie.

Dans le *Lion Amoureux*, la jeune aristocrate, semble bien plutôt convertie à l'amour qu'aux principes républicains, et elle abandonne trop facilement la cause des siens qui font, eux, le sacrifice de leur vie.

Et qu'est-ce que *Gabrielle* dans la pièce de M. Emile Augier ? Un cerveau mal équilibré, sans valeur intellectuelle, une pensionnaire romanesque, se livrant dans son ménage à des rêvasseries malsaines. Pourvue d'un mari distingué, loyal, au foyer comme à la ville — *rara avis* — elle s'avise d'écouter un petit monsieur qui n'a rien de remarquable. Mais le mari, comme on en voit peu, comme on n'en voit pas, sauve la situation, empêche la catastrophe par une supériorité de sentiments et de procédés qui paraissent absolument invraisemblables de la part d'un homme.

Si nous allons de *Gabrielle* aux *Effrontés* et au *Fils de Giboyer* du même auteur, nous rencontrons la photographie, avec variante de fond, des mêmes héroïnes :

Mlle Charrier personnifiant les ingénues incolores et pleurnichantes en dedans ; la marquise d'Auberive dépourvue d'esprit de conduite ;

Mme Maréchal du *Fils de Giboyer* est une minaudière sur le retour qui ne trouvera d'aliment à ses prétentions d'arrière-saison, que les petits jeunes gens en quête d'une protection.

Pour ce qui est de *Fernande*, il est évident qu'Émile Augier s'est proposé de crayonner l'idéal de la jeune fille sérieuse, honnête et agissant avec réflexion. Eh bien, en y regardant de près pendant les cinq actes, je n'ai pu que constater que la petite personne est sèche, raide et affectée; et le dénouement m'a encore désillusionnée sur son compte.

Je n'ai pas compris qu'elle se prenne de belle passion pour le fils de Giboyer qui, jusque-là, n'a accusé aucune faculté supérieure. Secrétaire de *Maréchal*, ganache prétentieuse, il n'a copié que des discours qu'il n'a pas rédigés, et, plus tard, il signera une œuvre dont il n'est pas l'auteur.

On me dira, comme circonstance atténuante, que c'est son père qui l'a écrite. Ce n'est pas là une raison suffisante et ce ne peut être qu'une preuve de parfaite nullité; ce qui ne justifie pas le choix de la jeune Fernande, présentée comme une femme d'élite.

Je sais bien que, dans cette pièce, Emile Augier a usé d'un singulier procédé; certes, il n'est pas à court de moyens, tant s'en faut; mais, pour être original, il faut le croire, il a tenu à ce que son principal personnage n'ait d'esprit que dans les entr'actes. On va se récrier, mais je vais vous le démontrer.

Giboyer, père, qu'on a déjà vu dans les *Effrontés*, tient alors le premier rôle. C'est, d'après ce qu'on nous en dit et ce qu'on prétend nous faire croire, un génie déclassé. Victime des vicissitudes de l'existence, il a été bohême, son langage s'en ressent, il est même souvent trivial. Quelques mots heureux çà et là ne constituent pas une capacité hors ligne. De telle sorte que nous pouvons résumer la pièce ainsi : le génie de Giboyer est dans un discours que nous n'avons pas entendu et dans un livre que nous ne lirons jamais. Ceci n'est qu'une parenthèse, je la ferme et je rentre dans mon sujet.

Paul Forestier qui date, je crois, de l'année dernière, produit à la rampe la femme-passion, non point la courtisane de métier, mais la mondaine bien posée dans le monde, jouissant de la considération ; nature ardente qui transige avec la vertu en catimini, et entretient des relations intimes avec le peintre Paul Forestier. Le père de celui-ci, instruit de cette liaison [1], sachant que Mme de Clers est séparée de son mari et qu'il n'y a nul moyen de régulalariser la situation, a recours à un stratagème qui, pour réussir, exige la complète niaiserie de celle auprès de qui on en use. Le père Forestier cherche donc à persuader à Mme de Clers qu'elle n'est pas aimée de son amant comme elle le croit. Celle-ci proteste, elle ne doute pas de la constance de *Paul Forestier*. Sur ce, le père Forestier la met au défi d'en faire l'épreuve. « Eloignez-vous de lui pendant deux ans, partez sans donner à mon fils les motifs de votre absence. Alors vous pourrez juger de la profondeur de ses sentiments. » Mme de Clers, femme peu perspicace, accepte. Elle part pour deux années, vous entendez. Le plus invraisemblable, c'est qu'elle ne revienne pas le lendemain.

Il n'échappera à personne que cette scène a de l'analogie avec la *Dame aux Camélias*, d'Alexandre Dumas fils. Dans les deux pièces, les deux auteurs n'ont pas observé la nature, ils ont fait de la convention. Quant aux héroïnes qui font de l'amour libre une carrière, Emile Augier nous en présente deux dans l'*Aventurière* et le *Mariage d'Olympe*. Pour ce qui est de l'Aventurière, elle ne nous paraît pas de calibre à mener à bien ses aventures. On n'imagine guère qu'une intrigante de marque, et qui n'en est pas à ses premiers exploits, se laisse piloter par un frère, espèce de soudard, qu'elle prétend faire passer pour un noble hidalgo, bien qu'elle n'ignore pas qu'à la première bouteille, il commettra mille indiscrétions, et racon-

(1) Il n'y avait pas alors le divorce.

tera les frasques de sa sœur, en les assaisonnant de ses propos d'homme ivre. La plus niaise serait plus avisée. Nous retrouverons encore les mêmes fautes dans le *Mariage d'Olympe.*

Ici, j'ai à me faire excuser, car je n'ai pas suivi l'ordre chronologique des pièces. Les *Filles de marbre,* de Théodore Barrière, doivent être les aînées. Si j'ai bonne mémoire, c'est pour la première fois que le type de l'hétaïre poussé au noir jusqu'au dernier degré d'intensité est produit à la scène, c'est la femme infernale croqueuse de cœur, de cervelle et de fortune ; c'est la pieuvre dont toutes les séductions diaboliques, comme autant de tentacules, sucent le sang jusqu'à la dernière goutte. C'est enfin *Marco,* « Aimes-tu Marco la belle ». Comme antithèse, il lui est opposé Marie, la petite Marie, bien innocentine, bien nigaudine ; Marco n'en fera qu'une bouchée entre deux repas.

Cependant Marie survit à la mort de Raphaël. Nous la retrouverons dans les *Parisiens.* Elle pleure toujours Raphaël, bien que ce dernier l'ait plantée là pour courir après Marco; et comme elle est trop absorbée dans ses regrets et dans sa douleur pour se tirer d'affaire en travaillant, elle reste à la charge du brave Desgenais, que son métier de moraliste en chambre n'a pas enrichi. Il est vrai qu'elle passe son temps à aller prier sur la tombe de Raphaël. Mais, mademoiselle, on a le dimanche pour ces choses-là ; en semaine, tirez l'aiguille, je vous prie. Il est vrai que Desgenais lui dit : « Tu es un ange. » *Dalila,* d'Octave Feuillet est en somme une contrefaçon des *Filles de marbre.* Dalila n'est autre que Marco déguisée en princesse italienne; la fille de Sertorius, une réédition de Marie avec aggravation d'une mort par amour.

Ne rencontrerons-nous donc pas au théâtre, en opposition à la femme qui ne puise son omnipotence que dans le vice, la femme forte qui trouve son énergie dans la vertu. Quoi, nulle d'elles n'a de ressort pour réagir? Les auteurs et leurs œuvres se succèdent et nous serons condamnés à voir reproduire, exclusivement, cette catégorie d'êtres plus ou moins pervertis ou détraqués, comme si elle représentait la majorité. Quelles sont donc aussi les héroïnes de M. Alexandre Dumas fils? les *Diane de Lys*, les *Madame d'Ange, et ses amies* et celles du *Fils naturel*. Diane de Lys, nous apprend-on, appartient au meilleur monde; on a raison de nous le dire, car nous ne nous en serions jamais douté. Une grande dame qui, au premier acte, sous le prétexte de reprendre une correspondance compromettante, quoique innocente, accepte un rendez-vous à 9 heures du soir dans un atelier de peintre dont elle ne connaît pas le propriétaire, qui y arrive, ladite dame, il est vrai, escortée d'une amie honorable, laquelle, si elle était raisonnable, n'aurait pas dû accepter de faire cette démarche de compte à demi. Une fois dans l'atelier, ladite grande dame, toujours accompagnée de son amie raisonnable, laquelle semble dépourvue de raison en s'associant à cette démarche, furette partout, ouvre les tiroirs, lit la correspondance du jeune artiste qu'elle ne *connaît* pas, fouille dans les poches d'habits suspendus à une patère et s'en va, toujours suivie de son amie *raisonnable*.

A un des actes suivants, Diane de Lys, toujours grande dame, possédant un hôtel magnifique avec le personnel voulu: concierge, chasseur, valet et femme de chambre, voit tout à coup entrer dans sa chambre à coucher, de dix à onze heures du soir, un jeune duc audacieux. Mais comme on ne nous apprend pas que ce gentilhomme ait hypnotisé tous les gens de service, comment a-t-il pu s'introduire aussi librement dans cette somptueuse demeure? Il faut vraiment que la grande dame soit cotée comme une *petite* dame. Combien cette Diane de Lys est absurde!

Et le *Demi-Monde*, c'est-à-dire un ensemble de femmes dévoyées étant toutes sorties du droit sentier par différentes issues. Mme d'Ange y est au premier plan. Cette séduisante personne, prétendue très adroite et très rusée, agit pourtant durant les cinq actes comme une vraie pensionnaire.

Si ces dames ont chacune quelques tares, par contre, les hommes qui les fréquentent sont tous honnêtes, loyaux et délicats. Qui le dirait en entendant parler et en voyant agir M. de Jalin qui se conduit, tout le temps de la pièce, comme un parfait goujat et comme un lâche : « Le plus honnête homme du monde ! » s'écrie M. de Nanjac. Alors que seront les autres ! Et Richon et de Thonnerins, ce père de famille, ce vieillard libidineux qui se permet, après mille folies, peu excusables à son âge, de faire des leçons de morale lorsqu'il devrait en recevoir. Ces honnêtes gens-là sont au niveau des salons frelatés qu'ils hantent de préférence aux autres.

Cependant M. Dumas fils ne devait pas s'en tenir là, il allait créer tout d'un bloc une femme sérieuse, une femme à idées. Oh! fis-je en regardant l'affiche, une femme sérieuse fabriquée par l'auteur *de Diane de Lys* et du *Demi-Monde*, que peut-elle bien être? (1)

Les *Idées de Madame Aubray*, suivant les théories de M. Dumas fils, ne pouvaient être que saugrenues, une femme ne pouvant avoir des idées sages et rationnelles. En effet, je ne m'étais pas trompée, les idées de Mme Aubray ne sont que les idées de défunt M. Aubray. Il paraîtrait qu'en mourant, cet homme d'élite, — dans toutes les œuvres de Dumas fils, il y a des hommes d'élite pour nous consoler, sans doute, d'en rencontrer si peu dans la réalité — cet homme d'élite, dis-je, a fait, de son bagage intellectuel, sa femme légataire universelle.

Or, ces idées de feu Aubray forment une mixture nébuloso-mystico-chrétienne. Pour être juste, il y a du bon; par exemple, morale identique pour les deux sexes. Puis, prescription plus contestable, le pur est dans l'obli

(1) A cette époque, M. Dumas fils n'avait pas fait encore son évolution, et il était le conptemteur acharné de toute émancipation féminine.

gation de s'unir à l'impure pour lui faire recouvrer, à son contact, sa blancheur première. Avouons que c'est excessif. Le pur, c'est le fils Aubray qui, grâce à sa mère, a hérité des idées de feu son père. L'impure c'est Jeannine, *la créature d'instinct*, c'est elle qui le dit, en se confessant à la maman Aubray. L'aveu est grave ; dès que l'instinct n'est pas rectifié par la raison où ne va-t-on pas ? Mais Mme Aubray, qui est légataire de défunt Aubray, s'empresse d'unir son fils immaculé à Jeannine, l'*instinctive*. N'est-il pas étrange qu'on croie réhabiliter, d'une défaillance commise, une femme, en arguant qu'elle a succombé par inconscience, par entraînement instinctif. Voici qui est fort. Et peut-on rabaisser un être humain assez bas pour dire qu'il s'est donné, livré non pas poussé par le sentiment le plus irrésistible qui s'appelle l'amour et auquel les plus riches natures n'ont pas toujours pu se soustraire, mais par un lâche abandon de soi-même sans y être sollicité par le goût et l'attraction.

Il y a aussi, par ces temps, une certaine *Comtesse de Sommerive*, qui est devenue adultère sans savoir comment. Elle invoque, à sa décharge, l'excitation des nerfs. « J'étais si nerveuse ! » dit-elle.

De tels phénomènes rentrent dans la catégorie des cas pathologiques. Alors, ils peuvent justifier cette absence de raison et cette annihilation de la volonté. Seulement, le théâtre ne doit pas servir à une exhibition de malades et de détraqués, il y a les cliniques pour cela.

Nous avons bien aussi à passer en revue les femmes du théâtre de M. Sardou. Nous avons, de ce côté, à enregistrer une singulière inconséquence : la plupart des jeunes filles y sont avisées, spirituelles ; elles ont la répartie heureuse. Par contraste, les jeunes femmes, abêties par le mariage, il faut le croire, se font soupçonner d'adultère par leurs démarches inconsidérées, leur manque d'esprit de conduite. Il suffirait d'un seul mot pour démontrer leur innocence, mais elles se gardent bien de le prononcer. *Les*

Pattes de Mouche, Nos Intimes, Nos Bons Villageois, la Famille Benoîton, représentent la même situation.

Je n'ignore pas que si la femme accusée d'infidélité, fournissait la preuve du contraire avant le cinquième acte, la pièce s'arrêterait net, ce qui ne ferait pas l'affaire de l'auteur. Mais ce public n'est-il pas admirable de complaisance en applaudissant à de telles invraisemblances ?

Il y a, on pourra m'objecter, dans la *Famille Benoîton,* une certaine Clotilde qui pose en femme sensée, et j'ignore pourquoi, car cette veuve prud'femme potine pendant toute la pièce, se mêle de ce qui ne la regarde pas et risque de compromettre l'heureux dénouement. Si M. Sardou n'était pas là, suprême escamoteur, tout serait perdu à jamais ; un tour de gobelet lui suffit pour remettre toute chose à sa place. Ce sont là, évidemment, des trucs auxquels des auteurs sérieux auraient scrupule d'avoir recours ; mais le public les acceptant, pourquoi M. Sardou n'en userait-il pas ?

Il a bien osé plus, dans *Les Femmes fortes*, rien des proverbes de Salomon ; n'a-t-il pas eu la prétention, sans études, que dis-je, sans renseignements préalables, de dépeindre les mœurs américaines et de photographier les caractères des femmes qui ont pris, dans le Nouveau-Monde, l'initiative de la revendication des droits féminins ?

Rien de plus mensonger et de plus ridicule que les caricatures de M. Sardou. Les femmes américaines, qui se sont mises à la tête de ce mouvement d'affranchissement, sont toutes d'une rare distinction et par le savoir et par la conduite. Plus d'une serait parfaitement capable de donner des leçons de tenue et de bon goût à nos Européennes.

M. Sardou a donc commis deux fautes en faisant une mauvaise action et en même temps une œuvre plate.

Froufrou, qui est un de nos récents succès, corrobore encore le jugement synthétique que j'ai porté sur le rôle de la femme dans le théâtre.

Ici, deux sœurs sont en présence : Froufrou, tête frivole

tout au plaisir; Louise, caractère raisonnable, mais intelligence médiocre, en somme. Les auteurs se sont donné le mot pour ne jamais produire une femme supérieure. Comme on doit s'y attendre, c'est la jeune évaporée qui a tous les succès au détriment de la jeune fille sérieuse. Tous les partis les plus avantageux se présentent pour la première et laissent de côté la seconde. C'est ainsi que Louise voit passer à sa sœur l'homme qu'elle aime et dont elle s'est crue aimée — ce qui prouve son peu de perspicacité, car lorsque l'amour ne se traduit pas par des paroles, il se décèle dans le regard; et, pour qu'une femme s'y méprenne, il faut qu'elle soit dénuée de tout esprit d'observation.

Mais, le fait accompli et introduite dans le jeune ménage, comment se fait-il que cette sœur raisonnable ne prévoie rien, ne prévienne rien, n'avertisse pas sa sœur brouillonne que ses frivolités lui aliènent le cœur de son mari ?

En vérité, le spectateur en est à soupçonner la droiture de Louise, et à penser qu'elle ne serait pas fâchée de prendre la place de Froufrou ! Et, ce qui est certain, c'est que le dénouement justifie ce jugement. Mais, comme les dramaturges se piquent rarement de logique, les dénouements sont facultatifs et ne prouvent absolument rien. Seulement, ce dont on est sûr, c'est que Louise pas plus que Froufrou n'est un caractère.

Nous ne multiplierons pas les exemples et les citations, ils deviendraient superflus.

Le théâtre, il est bien entendu, doit être, sous la forme fictive, la reproduction de la vie réelle.

Or, si vous en faites le miroir de l'humanité avec toutes ses variétés d'individus, de familles, de groupes et de nationalités traversant, dans de diverses conditions, les péripéties et les vicissitudes de l'existence, vous trouverez, pris sur nature, l'homme avec ses passions, ses vices, ses petitesses, mais aussi avec son génie et sa grandeur, son héroïsme; quand il s'agit de la femme, il n'en est pas de même, la partialité commence, la convention l'emporte sur l'observation; c'est un amoindrissement, un diminutif systématique du type. C'est une constatation facile à faire. Si une figure masculine appartenant à l'histoire est mise à la scène, on tend, à l'occasion, à l'élever encore, à l'idéaliser, elle est toute lumière quasi sans ombre. Si cette figure est féminine, on use du procédé contraire, on abaisse et on rapetisse, à dessein, perversité ou médiocrité; comme nous l'avons déjà fait remarquer.

Les conséquences de cette violation de la vérité ont plus de portée qu'on ne le suppose. Il faut comprendre que le spectacle est, de tous les amusements, le plus recherché, le plus complet, le plus attrayant. Le roman, en comparaison, est relativement pâle, parce qu'en art, le théâtre est la manifestation la plus impressionnante étant la plus vivante, et que l'imagination et l'esprit n'ont pas à faire les frais qu'exige la simple narration si bien écrite et si éloquente qu'elle soit; les individus y sont en chair et en os, ils parlent et agissent devant vous, l'illusion de la réalité est complète, le talent des interprètes aidant. Et justement, c'est là où est le danger. Une impression profonde survit à la représentation et ce souvenir reste favorable au vice et défavorable à la vertu.

Pourquoi? c'est qu'on ne la voit que frappée d'impuissance.

Lorsqu'elle triomphe à la scène, c'est par des circonstances où sa volonté n'entre pour rien; loin d'être une force, elle n'est qu'une faiblesse.

Si dans l'humanité les choses se passaient comme au théâtre, la société ne durerait pas une semaine.

Et pensez-vous que cette vertu veule, sans action, qui laisse faire sans réagir, attire des élèves et des disciples?

Qui donc voudra être dupe ou victime?

Les spectatrices copieront de préférence les *Marco*, les

Dalila, les *Froufrou*, en prenant la résolution d'apporter des tempéraments à leurs modèles et de ne pas aller jusqu'au cinquième acte. On ne comprend pas assez combien l'instinct d'imitation est accentué en l'humanité. Peut-être est-ce même là un argument plausible en faveur de la doctrine darwinienne prétendant que nous descendons de la race simienne, qui est, comme on le sait, essentiellement imitative ?

Dès qu'un fait quelque peu excentrique se produit, les phénomènes de contagion se rééditent à de nombreux exemplaires. Il en est de même pour les préjugés qui ont cours et que le théâtre vulgarise et sanctionne.

C'est ainsi que l'ingénuité constitue la vertu, c'est-à-dire l'ignorance des choses de la vie. C'est un état d'innocence qui est, chez la plupart, plus feinte que sincère, le témoignage des yeux et des oreilles suffisant bientôt à mettre en lumière certains points obscurs. La nature est la meilleure institutrice ; elle instigue à l'observation, à la réflexion. La pratique du bien n'est pas le fait de l'ignorance, mais de la connaissance.

Le théâtre, sur ce point essentiel, n'a donc fait que sanctionner le préjugé et la convention. Il est vrai qu'il n'est pas le lieu des innovations et des théories nécessitant des développements et provoquant des discussions, le théâtre se nourrissant plus de faits, de situations que de délibérations ; il est, de plus, soumis à certaines exigences d'intervalles de temps par lesquels l'œuvre se trouve coupée dans l'intérêt de la mise en scène, du repos des interprètes et des spectateurs. Mais ici, il ne s'agit pas d'innovations, mais de bonne foi.

Nous ne nous berçons pas de cette chimère que le théâtre doive être une école. Pour cela, il faudrait toujours que les dénouements fussent favorables à la probité et à la vertu, et alors le théâtre cesserait d'être la peinture de la réalité; nous lui demandons simplement la bonne foi, la sincérité. Jusqu'ici, il n'a fait que montrer un aspect de la femme et il a choisi le plus désavantageux. Nous exigeons qu'il tourne autour de son modèle et qu'il n'en néglige aucun des caractères.

Le théâtre, par la fréquence de ses représentations et par la répétition, jusqu'à centaine d'une œuvre à succès, peut remuer l'opinion et faire marcher les idées. Ses moyens exceptionnels de vulgarisation, sous la forme la plus frappante, le mettent à même de combattre bien des préjugés et des jugements *à priori*, mieux que ne peuvent le faire les discours et les livres, quel qu'en soit le mérite, sans affecter toutefois de soutenir une thèse et de faire une leçon. Ce résultat ne sera obtenu qu'à la condition de ne faire que de l'observation impartiale et intégrale ; de ne pas s'attacher seulement à la réalité dans l'accessoire, mais à la réalité dans l'essentiel ; d'éviter de ne porter les investigations que sur certaines classes, certaines catégories à l'exclusion de certaines autres.

Il y a, dans ces parties mises à l'écart, toute une mine de ressources théâtrales. Sans exagérer, nous sommes autorisée à dire que le nouveau répertoire roule sur un fonds d'une demi-douzaine de charpentes ou canevas scéniques ; ce ne sont après que recopies de copies avec variante de condiments. Cela devient fatigant à la longue.

Que de choses d'une vérité consolante ou poignante, n'ont pas vu le feu du lustre, dédaignées qu'elles sont par les auteurs.

Qu'ils comprennent, cependant, ces auteurs, que c'est en apportant dans leurs observations les rigueurs d'une conscience profondément éprise de la vérité, que leurs œuvres ont chance de devenir impérissables et immortelles.

Rendez donc à la femme ce qui lui appartient dans l'ordre élevé de l'intelligence et du caractère.

ÈVE CONTRE DUMAS FILS

RÉPONSE A L'HOMME-FEMME DE DUMAS FILS, PARUE EN 1872

Et d'abord, il y a des hommes qui savent et des hommes qui ne savent pas.

M. Alexandre Dumas fils est l'homme *qui sait*. C'est pour cela qu'il a été chargé d'une mission providentielle afin de faire cesser les *malentendus* et de remettre *tout en place* ici bas.

Donc, il nous déclare que si la société va tout de travers, c'est parce qu'on oublie de tenir compte des tendances et des fatalités originelles.

Or, comme M. Dumas a pour mandat de tout rétablir d'après le plan primordial, il commence par étudier la nature et nous dit avec la logique et la science qui lui font défaut, les choses qui suivent. — Page 12 de son livre :

« Les deux manifestations extérieures de Dieu sont la forme et le mouvement.

« Dans l'humanité, le masculin est mouvement; le féminin est forme. De leur rapprochement naît la création perpétuelle; mais ce rapprochement ne se fait pas sans lutte. Il y a choc avant qu'il y ait fusion. Chacun des deux termes trouvant en l'autre ce qu'il n'a pas en soi, cherche à s'en emparer. Le mouvement veut entraîner la forme avec lui, la forme veut retenir le mouvement. »

Examinons :

« Les deux manifestations extérieures de Dieu sont la forme et le mouvement. »

Comment! Monsieur! vous qui vous basez sur la

Bible, vous omettez de Dieu la manifestation la plus considérable, l'acte le plus puissant, — la création! — Vous le réduisez au rôle de Démiurge — artisan; — et la matière donc? Créée ou incréée, n'est-elle pas manifeste, visible, divisible, tangible, palpable? Sans elle, sur quoi s'exercerait donc le mouvement et la forme? N'est-elle pas le fondement, l'élément, l'essence de toute chose? N'est-elle pas le substratum nécessaire, susceptible de recevoir toutes les modifications possibles?

Maintenant, pourquoi séparer la forme du mouvement d'une façon si distincte; pouquoi ne pas signaler le lien qui les attache nécessairement l'un à l'autre, puisque le mouvement est le générateur de la forme, et que la forme n'existerait pas sans le mouvement; que tout mouvement décrit une configuration et qu'il la fait et la défait, la modifie et la change suivant les conditions dans lesquelles il opère? « Donnez-moi de la matière et du mouvement et je ferai le monde », s'écriait un savant illustre. La forme est donc la résultante du mouvement. Continuons.

« Dans l'humanité, le masculin est mouvement, le féminin est forme. »

Qu'est-ce que cette classification fantaisiste? Sur quoi se base-t-elle, par quels arguments peut-on la justifier, quelles preuves viennent à l'appui?

Il est avéré, il est évident que tous les êtres, tous les individus sont matière, forme et mouvement. Prenez le rotifère, l'infusoire, enfin le dernier degré de l'animalité, et vous rencontrerez en lui ces trois conditions.

Bien que privé de moyens de locomotion, l'animal le plus élémentaire a un mouvement intérieur, une circulation qui est la vie.

La femme pas plus que l'homme, ne spécifie la forme.

Qu'une forme soit plus ou moins ronde, plus ou moins anguleuse, plus ou moins parfaite, elle est toujours forme.

Et l'homme, de son côté, pas plus que la femme, ne caractérise le mouvement.

La femme, physiquement et moralement, dans l'ordre privé comme dans l'ordre social, a son activité, son action propre, qu'elle tient d'elle-même et qu'elle ne reçoit pas de l'homme. Et dans l'œuvre de la reproduction, elle apporte son action dynamique, son mouvement virtuel; puisque, à l'égal du père, elle transmet à ses rejetons non seulement sa forme, son sang, mais encore son caractère, ses facultés, ses goûts, etc., etc.

Ces faits positifs et si fréquents dérangent toutes les théories qu'ont échaffaudées, tant bien que mal, des philosophes bouffis d'orgueil, qui prétendaient que la femme n'est qu'une réceptivité ; qu'elle ne donne que la chair, les os à l'enfant, dont l'intelligence est de provenance paternelle; que, par conséquent, la femme ne joue qu'un rôle subalterne dans l'humanité.

L'expérience a fait justice de toutes ces sottises.

Je reprends :

« De leur rapprochement naît la création perpétuelle. Mais le rapprochement ne se fait pas sans lutte ; il y a choc avant qu'il y ait fusion ».

Je ne chicanerai pas cette expression de *création qui naît*, le langage de M. Dumas fils étant souvent quelque peu bizarre; je ne cherche que le sens, peu m'importe le reste.

Pourquoi y a-t-il choc avant qu'il y ait fusion. Où a-t-il pris cela ?

Nous voyons, depuis que le monde existe, que de toutes les combinaisons humaines, c'est l'alliance des deux sexes qui s'effectue le plus rapidement, le plus facilement; trop *facilement même*, tant l'attraction est spontanée.

> .... La faim, l'occasion, l'herbe tendre et je pense
> Quelque diable aussi me poussant.

« Chacun des termes trouvant en l'autre ce qu'il n'a

pas en soi, cherche à s'en emparer ; le mouvement veut entraîner la forme ; la forme veut retenir le mouvement. »

Dieu ! que c'est ingénieux ! Cet homme sans forme, cette femme sans mouvement, se livrant à un pugilat pour s'approprier les qualités qui leur manquent ! C'est donc pour nous raconter de ces histoires-là que notre *grand* docteur monte sur son trépied ?

« Or, dans cette humanité, le mouvement et la forme, les sexes se rapprochent, s'accouplent sans savoir pourquoi ».

Et dire que cette humanité se livrait ainsi à une foule d'opérations familières depuis qu'elle existe, sans en avoir le sens précis, sans en comprendre le *pourquoi ;* et que le grand docteur Alexandre Dumas, fils, va le lui donner !

« Ces unions, pour la plupart, n'offrent qu'antagonisme, ajoute-t-il ; mais quand l'homme est conscient et la femme harmonique, la lutte n'est pas longue et le couple prédestiné n'a pas besoin de la mort pour commencer à être divin. »

Il paraîtrait qu'on ne peut être à la fois conscient et harmonique ; et qu'harmonie et conscience sont deux qualités qui ne sauraient convenir qu'à deux sujets ; et que lorsqu'on a l'une, on ne peut avoir l'autre.

Tel est le support, la base, la vérité fondamentale de la théorie de M. Dumas. Tout le reste va pivoter sur cet énoncé. Voyez, s'il présente toutes les garanties désirables pour accepter ce qui va suivre :

L'auteur nous met sous les yeux le plan primordial de l'humanité auquel il faut revenir ; sinon, on ne fera rien qui vaille.

Et avec ce ton dogmatique qui convient à un envoyé de Dieu, il nous recommande de ne point oublier que les empires meurent, que les civilisations se transforment, que les religions se divisent ; mais que *Dieu,* l'*homme,* la *femme, principes du monde*, subsistent toujours les mêmes.

Erreur ! erreur ! sacrilège ! docteur fantaisiste. Dieu seul est le principe du monde.

L'homme et la femme ne sont que des moyens créés et employés par lui pour cette fin.

Continuons.

Il paraîtrait que le triangle sacré, tel que nous le connaissons, figure, symbole de la divine Trinité, est absolument démodé ; et qu'il est remplacé avec avantage par le triangle de l'auteur de la *Visite de noces*, qui l'a arrangé à sa guise. Il a évincé deux dieux qui le gênaient, les a relevés poliment de leurs fonctions ; les a mis en disponibilité et les a invités à la retraite. Puis, façon tout à fait neuve, il loge l'homme et la femme aux deux angles vacants et place Dieu au sommet. C'était bien le moins qu'il lui accordât la place d'honneur.

Voici donc les représentants des deux sexes dans une position égale à l'égard l'un de l'autre.

Cependant tel n'est pas le dessein divin. « Dieu tout-puissant, l'homme médiateur, la femme auxiliaire. »

Voici l'ordre immuable *suivant* M. Dumas.

Et c'est ainsi et continuellement que l'auteur s'embarrasse.

L'homme ne peut rien sans Dieu ; la femme ne peut rien sans l'homme. Voilà la vérité absolue, éternelle, immuable.

Mais, je me le demande, si la femme ne peut rien sans l'homme, qu'est-ce donc que l'homme peut sans la femme ? Et n'est-ce pas s'avancer inconsidérément en assurant que l'homme est médiateur nécessaire entre Dieu et la femme et que celle-ci ne peut recevoir la parole divine que par l'entremise du masculin, lorsqu'au premier pas que je fais dans la connaissance de la doctrine, j'apprends que la femme, sans se préoccuper de son voisin de *l'angle* opposé, a communiqué avec l'Être suprême, et cela si intimement, si efficacement, qu'elle en est devenue mère d'un Dieu, au grand ébahissement de Joseph, qui n'entrait pour aucune part dans cette collaboration ?

Douze cents ans avant Marie, la chaste Ao-ssée passa sur la trace de l'Esprit Saint et enfanta le grand Fo-hi.

Ce que je remarque et que je souligne avec plaisir, c'est que la tradition, de quelque latitude qu'elle vienne, n'enregistre jamais du fait de l'homme semblable exploit.

Pourquoi Dieu a-t-il fait alliance avec la femme plutôt qu'avec l'homme ?

Miracle pour miracle, ne pouvait-il pas faire surgir un sauveur des entrailles ou du cerveau du sexe fort, soi-disant *noble ?*

Que signifie cette préférence ?

Du reste, est-il juste, est-il vrai d'assumer sur le féminin toute la responsabilité de la déchéance humaine ?

D'où vient la rébellion, d'où vient la transgression à la loi ? D'un esprit masculin, d'un mâle séraphique, d'un ange. Otez la faute masculine, et du même coup celle d'Ève disparaît.

Mais reprenons la narration.

« Dès que la femme prend l'initiative, tout est perdu. Pour rétablir l'ordre, il est donc urgent que l'homme reconquière sa position prépondérante ; qu'il soit l'initiateur de la femme. Malheureusement, — c'est l'auteur qui parle, — l'homme n'est le plus souvent que *laid, ignorant, grossier, brutal, bête,* — M. Dumas ne traite pas ses pareils avec du sucre, — il est incapable de diriger l'âme de sa femme », tout cela parce qu'il ne sait pas ce que M. Dumas *sait.*

« Que fait l'homme qui ne sait pas ? Il envoie sa femme à l'homme qui sait d'une autre façon que M. Dumas, au *prêtre, ce berger du troupeau humain, qui s'est soustrait au féminin,* — ici, sourires et réclamations — *ou qui se l'est subordonné par l'alliance purement spirituelle.*

« *Il pénètre dans l'âme de la femme qu'il ferme à l'homme,* — le mari, — *si bon lui semble. Il disparaît avec elle dans des régions où l'homme,* — toujours le mari,

— n'est pas admis, et ils se disent là des choses qui ne le regardent pas, — encore le mari.

« Il paraîtrait *que le prêtre, dont l'homme s'est dégagé, s'efforce, à son tour, de dégager l'humanité catholique de la religion du masculin, c'est-à-dire, du Père et du Fils, et de l'amener, par l'Immaculée-Conception, à la religion de Marie, de la Vierge-Mère, de l'épouse spirituelle, de la femme enfin.* »

L'accusation n'est pas mince. Le prêtre ne donnant plus qu'une attention secondaire au PÈRE, au FILS, au SAINT-ESPRIT, pour glorifier uniquement Marie, la femme enfin. Comme il faut être trois fois béatifié pour s'exposer ainsi aux foudres d'*Orléans*, de l'*Univers* et de la *Gazette de France !*

Quant à cette expression de Vierge-Mère, de *femme enfin*, elle me jette dans un trouble indicible ; elle me plonge dans un océan de suppositions toutes plus étranges plus extraordinaires les unes que les autres ; un million d'idées utopiques, bizarres, folles traversent mon cerveau. Dieu ! que les gens de théâtre sont heureux de pouvoir être impunément inconséquents avec eux-mêmes! D'une part, notre missionnaire nous déclare que la femme ne peut rien sans l'homme ; de l'autre, il affirme, avec la même autorité, que la *femme enfin*, la femme vraie, la *femme-type*, c'est la Vestale, en un mot, la femme qui se soustrait au masculin, la Vierge-Mère.

Vestalat pour la femme, célibat pour l'homme : tel est l'idéal suprême de l'humanité.

« Mais qu'entends-je ? le vestalat féminin est fécond, fertil, virtuel ! »

Dieu renouvellera-t-il tous les jours, à toutes les heures, à toutes les minutes, le mystère de la conception spirituelle, ou bien la femme, grâce aux progrès de la science, comme le prévoyait Auguste Comte, pourra-t-elle, dans un temps prochain, fournir les éléments suffisants pour accomplir sans auxiliaire l'œuvre de la reproduction ?

Que devient dans ce cas la supériorité de l'homme? A quoi sert-il désormais, ce fameux générateur, ce fameux initiateur? En réalité, le voici en dehors du triangle susdit. Il passe à l'état de superfluité; il ressemble à la mouche du coche. Conséquemment, ce monsieur de l'angle d'en face n'a plus qu'à faire ses malles et à décamper au plus vite dans une autre patrie où la *femme enfin*, la vierge-mère, n'aura pas encore fleuri.

Evidemment, en prenant le vestalat, M. Dumas a contrefait l'apôtre Paul. En cela, il a erré. Saint Paul ne conseillait pas le mariage, il ne faisait, disait-il, que le tolérer. « Si vous vous mariez, vous faites bien; si vous ne vous mariez pas, vous faites mieux. »

En parlant de la sorte, saint Paul obéissait à une conviction profonde. Il croyait à une fin du monde prochaine; et engageait dans cette perspective, la totalité des humains à se détacher de toute affection terrestre, pour laisser rayonner, dans son entière plénitude, le sentiment religieux, l'amour divin. S'il eût su ce qui devait advenir, à coup sûr, il eût tenu un autre langage. Sans quoi il eût été parfaitement absurde.

Le célibat dans le monde ne peut et ne doit être qu'une exception, sans quoi l'humanité ne tarderait pas à rentrer dans le néant.

Ici, l'homme qui *sait* a parlé comme l'homme qui ne sait pas; il s'est embrouillé dans sa logomachie et a embrouillé le lecteur. Il a dit cela comme il aurait dit autre chose; et il ne faut pas lui en vouloir s'il ne s'entend pas bien lui-même.

Les gens qui communiquent avec les esprits ne sont pas forcés d'être logiques. S'élevant dans les sphères supérieures, ils s'honorent de procéder autrement que les humbles mortels.

Vous sentez bien que si notre missionnaire a découvert que l'homme est mouvement et que la femme est forme; que s'il les a fait asseoir dans un triangle, avec le Père

Éternel au sommet, ce n'est point pour en rester là. Il revient donc à sa marotte : il veut rétablir la distribution des fonctions.

Si le désordre règne dans la société, par exemple ; si la femme réclame ses droits civils ; si elle demande le libre exercice de ses facultés ; si elle prétend qu'elle doit recevoir une instruction égale à celle de l'homme, c'est parce que le plan primordial est sens dessus dessous ; que l'homme, qui s'est obstiné à être encore plus sot que l'ancêtre Adam, ignore ce qu'il doit savoir, et demeure, partant de là, incapable d'être pour sa femme : *père, frère, époux, ami, prêtre,* en un mot son directeur spirituel.

Or, besoin n'est pas de changer l'éducation de la femme, de lui donner plus de droits qu'elle n'en a ; « l'important, l'essentiel, toujours d'après notre nouveau docteur, c'est de refaire l'éducation de l'homme, afin qu'il *sache.* »

« Et cependant, ajoute-t-il, Jésus est venu pour remettre *tout en place.* A cette intention, il fit aux noces de Cana cette réponse célèbre à sa mère : « Femme, qu'y a-t-il de commun entre vous et moi ? » — pour bien faire sentir la différence qui existe entre les deux sexes et reconstituer la hiérarchie. »

Les écrivains sacrés n'ont guère vu dans cette réponse assez bizarre de Jésus qu'une manière d'affirmer en public son origine divine et sa consubstantialité avec les personnes de la Trinité. M. Dumas, lui, y voit autre chose. Imaginez-vous qu'un fils conçu et engendré suivant le mode naturel, le seul que nous connaissions, aille dire à sa mère : « Femme, qu'y a-t-il de commun entre vous et moi ? » Ne serait-ce pas à rire à sa barbe ?

Comment, lui dirait-on, tu demandes ce qu'il y a de commun entre toi et ta mère ? Mais tu es formé de sa chair, de son sang ; tu as hérité de sa santé ou de sa maladie, de ses qualités ou de ses défauts. Imbécile ! n'aperçois-tu pas qu'en la rabaissant, tu te rabaisses toi-même ?

Comment se fait-il que Jésus n'ait pas fait cesser ce malentendu, et qu'il faille que M. Alexandre Dumas vienne à la rescousse pour donner un coup de main à l'entreprise et la mener à bonne fin ? Voilà ce que cet homme modeste ne nous dit pas. Il se contente de nous promener de la physiologie à l'ethnologie, de l'ethnologie à l'affaire Dubourg, après quoi il pose les conclusions suivantes :

« Tant que l'homme ne *saura* pas, la femme sera en droit de se plaindre; elle ne sera pas responsable de ses errements, puisqu'elle aura été privée de la direction masculine dont elle ne peut se passer, n'étant née que pour être auxiliaire et subordonnée. »

C'est à ce propos que le sieur Dubourg n'est qu'un affreux coquin d'avoir assassiné sa femme, puisqu'il est l'homme qui ne *sait* pas.

Mais à l'encontre, quand *l'homme sait* et qu'il lui échoit en partage une femme cacophonique, — je ne sais pas d'autre expression à opposer à harmonique, — s'il l'a initiée suffisamment, s'il lui a expliqué *qu'est-ce que la vie* et *qu'est-ce que la mort ;* s'il lui a déroulé le système de la nature ; s'il lui a fait connaître le plan primordial, les propriétés du *fameux triangle* et les intentions divines ; et que, malgré tous ses soins, cette femme résiste à la bonne parole, qu'elle le trompe, le dupe, le joue ; alors cet homme, voyant que cette femme est perturbatrice de l'ordre initial, il juge qu'elle doit être rayée du grand livre de la vie.

Et ici, en auteur dramaturge qu'il est, M. Dumas se suppose un fils qui *sait*. Il le fait monter sur la montagne à l'instar de Belzébuth et lui dit d'une voix de cuivre : « Cette femme qui n'est point dans la conception divine, cette femme purement animale, c'est la guenon de Nod, c'est la femelle de Caïn, TUE-LA ».

Permettez qu'à mon tour, Monsieur, je me suppose une fille. Et moi aussi je me rends avec elle sur la montagne, qui est votre lieu de prédilection, et d'un accent solennel et convaincu, je lui tiens ce langage : « Mon enfant, tu es la femme harmonique, tâche de trouver l'homme qui *sait ;* à vrai dire, qu'il sache ou qu'il ne sache pas, c'est absolument la même chose ; n'oublie pas, toi qui es jeune, belle, instruite, toi qui as du talent et des vertus, que si ce monsieur, qui s'approprie tout cela et en plus ta dot, ta fortune, pour se faire notaire, agent de change ou député, ne se plaît qu'aux gravelures et aux obscénités de la *Belle-Hélène* et de *la Timbale d'argent* ; s'il entretient des cabotines, des baladines, sa laveuse de vaisselle au besoin ; s'il te ruine, s'il arrive même à corrompre la pureté de ton sang, n'oublie pas que cet homme *souille le plan primordial, la conception divine*, qu'il est indigne de figurer au triangle ; c'est le singe dont parle Darwin, c'est Caïn en personne ; TUE-LE, n'hésite pas.

Ici, quittons la plaisanterie qui nous a égayée un instant et rentrons dans le sérieux.

Et nous aussi, nous allons tout remettre à sa place.

Et d'abord M. Alexandre Dumas fils.

Je n'aime pas à faire de personnalités, je préfère juger les œuvres d'un écrivain sans me préoccuper de sa personne, de son caractère, de ses actes ; mais quand un auteur se reflète dans ses ouvrages, lorsqu'il a le soin de se mettre constamment en scène, force est bien de parler de lui en parlant de ses productions.

Je ne connais pas M. Alexandre Dumas fils, je ne lui ai jamais parlé, je ne l'ai jamais vu ; mais il m'a suffi de le lire et de voir jouer ses pièces.

Dans son *Homme-Femme*, il y a un trait de franchise que je ne saurais trop louer.

Page 160, il avoue « qu'il y a *une foule de choses qu'il ne sait pas, qu'il ne saura jamais*, sa jeunesse s'étant trop dispersée au hasard. »

Toutes ses œuvres s'expliquent par ces quelques mots.

En effet, il y a une foule de choses qu'il ne sait pas, et cela se sent dans le cours de ses ouvrages. Par un travers commun à l'esprit humain, M. Dumas aime à parler de préférence des choses qu'il ignore. Son éducation a été faite de pièces et de morceaux, à l'aventure. Absence d'ordre et de méthode. Chez lui, on rencontre, à tout pas, des notions mal digérées, des idées flottantes; tantôt une formule scientifique, tantôt un paradoxe; rien ne se tient, rien ne s'enchaîne. Un jour, il a conversé avec un savant et il en retient quelques bribes; une autre fois, avec un homme politique, peu après, avec un magistrat, un prêtre, un philosophe, une femme d'esprit, et le voilà sténographiant quelques phrases, quelques théories dans son cerveau; recousant le tout avec une certaine dextérité. N'ayant pas reçu par voie d'hérédité l'imagination exubérante de son père, n'ayant pas le don, si rare, de découvrir des idées et des situations neuves, M. Alexandre Dumas a visé à la profondeur; il a voulu faire de l'analyse physiologique et psychologique.

Malheureusement, il écrivit trop tôt. Héritier d'un nom justement populaire, il fut déjà célèbre avant de mériter de l'être; toutes les portes lui furent ouvertes, et il trouva une réputation faite à l'avance.

Lancé dans cette voie, il lui resta peu de temps pour s'instruire et pour méditer.

Il est à remarquer que tous les gens qui ont vraiment dit quelque chose à l'humanité, ont été longtemps à se taire.

Quant à M. Alexandre Dumas fils, quel a été son sujet d'observation, quel a été son milieu? Le monde des coulisses, les paysages de carton, le bagoût superficiel des comédiens, le monde des courtisanes de tous étages, la bohême des cafés; en un mot, tout ce qu'il y a de plus factice, de plus frelaté au monde.

Il ne passe pour savant qu'aux yeux des gens qui ne savent pas.

En faisant le résumé de son livre, nous ne trouvons qu'incohérence, confusion, contradiction.

Que l'auteur place son critérium de vérité dans la

Bible, il en est libre; mais qu'il ne s'imagine pas pour cela entraîner invinciblement tous les esprits, puisque tout l'univers n'est pas régi par les mêmes croyances. Ensuite, si les Écritures sont pour lui la source de toute lumière; s'il les croit empreintes du sceau divin; s'il juge faux tout ce qui ne s'y rapporte pas, il n'a plus le droit de rien changer au texte sacré, sinon, son critérium de vérité n'a plus de valeur.

Sa première bévue, comme nous l'avons signalée, est d'omettre la manifestation divine la plus brillante, la création de la matière. La seconde consiste à prendre pour point de départ l'unité des espèces, que proclame la Bible, pour conduire à la pluralité.

Puis, à quoi bon faire intervenir l'ethnologie dans l'affaire, lorsqu'il n'est question que des caractères généraux de l'humanité, caractères fondamentaux qui se retrouvent sous toutes les zones?

N'est-il pas comique d'expliquer les disputes du ménage, les incompatibilités d'humeur par la différence des races ? Monsieur aime les voyages, les aventures, madame aime les bals et s'y décollète largement parce que, d'une part, Monsieur a une affinité, au millième degré, avec les races nomades des temps primitifs et qu'il en reproduit, à distance, le caractère ethnique ; et que, de l'autre, madame a dans ses veines un huitième de goutte de sang noir ou de sang jaune; que ses premiers ancêtres ayant l'habitude de se vêtir avec quelques plumes, elle ne peut se soustraire à l'influence générique et se trouve toujours trop habillée.

Où n'irions-nous pas ?

Prenons la race la plus homogène, la plus autochtone et la totalité des individus qui la composent, nous aurons la diversité des caractères, des physionomies, des aptitudes. Sans quoi, nous ne trouverions que des clichés. Que deviendraient l'individualité, l'originalité, le moi ? Comment Caïn aurait-il tué Abel ?

Comment pourrait-on satisfaire à la diversité des professions ?

Les dissidences qui se produisent dans le ménage, sans aller chercher midi à quatorze heures, viennent de l'opposition des goûts et des caractères, quelquefois même de la similitude d'humeur qui n'amène que de mauvais résultats le plus souvent. Cette théorie ethnique met immédiatement M. Dumas en défaut.

Si l'être ne peut se dégager des influences originelles ; si les tendances ethniques ne cessent de se reproduire en lui, à quelque distance qu'il soit du point de départ ; si une éducation autre, un milieu différent, une volonté ferme ne parviennent point à la combattre, l'individu n'est plus responsable de ses actes ; il agit en vertu d'une force supérieure à la sienne propre.

Pourquoi donc M. Dumas qui, lui-même, nous fait valoir ces motifs, conclut-il alors pour le châtiment ?

Maintenant, jetons un coup d'œil sur sa physiologie féminine.

Nous savons tous que l'objet de ses études est spécialement la femme. Il l'a considérée dans les diverses situations de la vie, dans les différentes positions qu'elle occupe ; il en a fait le sujet de ses dissections : *la Dame aux Camélias* ; *le Demi-Monde* ; *Diane de Lys* ; *les Idées de Madame Aubray* ; *la Visite de Noce* ; *la Princesse Georges* ; *l'Affaire Clémenceau*, ne forment qu'un long défilé des idées, des opinions de l'auteur sur la question des femmes. Et, chose curieuse, au fur et à mesure qu'il travaille son sujet, il ne le connaît pas davantage. Nous constatons toujours les mêmes erreurs, toujours les mêmes fautes de logique.

C'est ainsi qu'au mois d'avril 1870, nous réfutions aux conférences de Cluny — Société des gens de lettres, — sa définition de la femme — préface de *l'Ami des femmes*, où il disait : « *La femme est un être circonscrit, passif, instrumentaire, disponible, en expectative perpétuelle. — C'est le seul être inachevé que Dieu ait permis à l'homme de reprendre et de finir. — C'est un ange de rebut.* » — Nous lui répondions : « Cette définition a un inconvénient, elle ne définit pas. Pour définir un objet, un être, il faut en saisir tous les caractères spéciaux, particuliers, qui lui appartiennent en propre et qui le distingue de tous les autres. « *La femme est un être circonscrit.* »

Cette qualification ne désigne rien parce qu'elle désigne tout.

En effet, tout est circonscrit dans la nature, les choses et les êtres. A quoi donc pense M. Alexandre Dumas fils ? Il oublie que la limitation, la forme, est le principe des individus.

« *La femme est un être passif.* »

Il n'y a point d'être exclusivement passif ou actif.

Nous sommes tous, sans exception, passifs et actifs simultanément, en tant que nous subissons l'action de nos semblables, de nos milieux, des circonstances ambiantes dans lesquelles nous nous trouvons placés, et que nous la leur faisons subir en même temps. Passif est donc aussi inexact que circonscrit.

Continuons.

« *La femme est un être instrumentaire.* »

Dans notre monde, objets et personnes sont instrumentaires :

Minéral, végétal, animal, humanité.

L'homme politique, l'écrivain, l'artiste, le journaliste, le savant sont également des instruments sociaux, instruments utiles, agréables ou dangereux ; nous sommes donc tous des instruments en tant que nous nous servons les uns les autres.

« *La femme est un être disponible.* »

Cette expression est une doublure, une redite des deux précédentes. « *En expectative perpétuelle.* » L'attente est le sentiment incessant de l'humanité. Chacun attend quelque chose : la fortune, le succès, la gloire, la santé, le plaisir; on attend même la mort. Mais cela avec moins d'impatience.

« *La femme est le seul être inachevé que Dieu ait permis à l'homme de reprendre et de finir.* »

Achever et finir ont plusieurs significations.

Est-ce dans le sens de réduire, de ruiner, que l'entend l'auteur du *Demi-Monde?* En ce cas, il pourrait plus d'une fois avoir raison. Seulement, il est obligé de convenir que quelques femmes prennent amplement leur revanche.

Mais voici le bouquet :

« *La femme est un ange de rebut.* »

Eh! qu'il y prenne garde, M. Dumas! Un ange de rebut équivaut ici-bas à un homme de premier choix. Décidément, sa définition pèche contre toutes les lois de la méthode, elle est entièrement à refaire. Il lui faut retourner à l'école et étudier assidûment la logique.

Aujourd'hui, dans son *Homme-Femme*, nous trouvons de dignes pendants à sa définition et nous les avons signalés aux lecteurs.

M. Dumas a essayé de faire de la science. Il a voulu s'appuyer sur la physiologie, sentant que, dès qu'il s'agit de classer les êtres, de les caractériser, de définir leurs attributs et la nature de leurs fonctions, de tracer le cercle de leur activité, d'en fixer les limites, la méthode à adopter est l'observation de leur organisme, de leur constitution.

Or, cette partie de la biologie, appelée physiologie, parce qu'elle traite des organes à l'état actif, exige la plus rigoureuse impartialité et le rejet complet de tout ce qui est factice. Il faut, à travers la triple couche de conventions, d'usages, de préjugés, pénétrer jusqu'à la nature, et la saisir dans toute sa simplicité, dans toute son indépendance.

Etudier le jeu de l'organisme, c'est étudier ses fonctions, par conséquent ses besoins, ses passions; c'est le point où se touchent la physiologie et la psychologie.

Placé, comme nous l'avons déjà mentionné, dans un milieu faux, n'ayant que des sujets placés à faux, M. Dumas n'a tiré que des conclusions fausses.

Il ressasse de vieilles erreurs en niant la femme-sensation, la femme-passion ou ne la considérant que comme un être anormal.

Regardez avec attention les espèces animales, et vous verrez que la loi invincible de l'attraction entraîne chaque sexe l'un vers l'autre avec une égale ardeur.

En humanité, on a prétendu le contraire.

Suivant l'arrangement social, on a décrété que la femme n'a point de passion, qu'elle ignore les incitations des sens. Des faits positifs, tels que le grand nombre des courtisanes, les aventures galantes dont le monde fourmille, les adultères fréquents, donnent un démenti formel à cette opinion. Elle n'en persiste pas moins ; elle passe outre. La femme-passion n'est pour lui qu'une triste exception de la nature. Quant à la courtisane, elle ne fait pas partie de l'humanité, c'est un sexe à part, comme le sexe *ecclésiastique*. Il est créé pour le besoin des circonstances.

A ce sujet, l'influence de l'éducation est tellement forte, les idées sont tellement enracinées, le Code est si absurde que jamais femme n'ose s'expliquer sur ce point sincèrement, craignant de se faire déjuger. Et cela est si vrai, que tout mari est généralement trompé pour avoir ignoré le tempérament de sa femme, et s'être cru libéré de ce côté ; tandis qu'un troisième personnage intervient et découvre, dans cette même femme, des tendances, des aptitudes que le mari n'avait même pas soupçonnées.

Cette opinion, radicalement fausse, porte de très grands préjudices à l'ordre social :

1° Elle abaisse la vertu en en faisant une question de tempérament ; de telle sorte qu'on n'a pas plus de mérite à être vertueuse qu'à être sanguine, bilieuse ou lymphatique.

2° Elle engendre deux morales diamétralement contradictoires et qui s'annulent réciproquement.

Voyons un peu le mécanisme naturel.

La nature, qui a infiniment plus d'intelligence et de sagesse que tous les poètes, tous les romanciers et tous les dramaturges réunis, a fait naître, là où elle veut alliance, union, des attractions réciproques ; elle a distribué dans les deux sujets qui doivent se joindre, la passion à dose égale ; elle n'a pas placé dans l'un l'exubérance, dans l'autre, la privation ; elle n'a point voulu mettre aux prises des désirs et des répugnances, l'ardeur et l'impassibilité. Ici, elle ne s'est point complu à l'antithèse qui eût inévitablement dérangé ses plans. Où aboutiraient l'homme-passion et la femme-froideur, l'homme-agression et la femme-résistance ? A un antagonisme perpétuel, à une lutte qui finirait toujours par une victoire et par une défaite.

En outre, en donnant à l'homme la fougue des sens, à la femme le calme, vous accordez immédiatement à celui-là le droit de professer des mœurs libres, tandis que vous prescrivez à celle-ci des mœurs régulières. Dans quelles contradictions ne tombez-vous pas ? Ou bien l'homme sera perpétuellement déçu dans ses aspirations les plus naturelles, ou bien la femme transgressera constamment la loi de pudeur.

Non, la nature n'a point commis une telle sottise ; elle a donné aux deux sexes des passions égales ; mais elle a fait surgir de leur conscience la morale qui régularise, équilibre : sensations, affections, désirs, pour les subordonner au devoir : morale une, indivisible, loi immuable, en dehors de laquelle il n'y a que trouble et confusion.

Où a-t-il vu aussi cette répulsion, cette déception, cette humiliation intérieure de la jeune fille pour l'accomplissement de la loi fondamentale de l'humanité ?

D'où lui vient cette surprise, cette stupéfaction, cette terreur ? Ne se doute t-elle absolument de rien ?

Je sais bien que l'éducation des filles est étroite et ridicule ; je sais bien que la complète ignorance est confondue avec l'innocence et la candeur ; ce qui fait qu'à ce compte, dès qu'une femme n'ignore plus, elle cesserait d'être pudique ; ce qu'on ne prétend pas, assurément.

Mais, malgré tout, quelle que soit la vigilance que des parents exercent pour entretenir chez leur fille cette ignorance profonde, la nature, permettez-moi d'y revenir, domine la méthode de la famille par une instruction instinctive.

Cette grande maîtresse ne procède ni par secousse ni par surprise. Pour chaque phase de la vie, elle prépare l'individu par des avertissements secrets, par des enseignements intérieurs, par le spectacle même de tous les êtres ; elle agit dans un ordre, dans une progression constante. Il n'y a point de si bornée ni d'aussi sotte qui ne l'entendent et ne la comprennent.

Et voyez comme il faut peu de chose pour apercevoir le bout de l'oreille et pour saisir la vérité au passage.

Tout le monde se souvient, par expérience ou par *on dit*, qu'il était d'usage, aux noces, il y a quarante ou cinquante ans, que la mère de la mariée, flanquée de quelques tantes et de quelques belles-sœurs, reconduisît sa fille au domicile conjugal.

« Voyons, vous qui avez du caractère, disait le père à une parente, assistez-donc ma pauvre femme dans cette tâche... » et le cortège partait. Grâce à toutes ces préparations, à cet entourage mystérieux et affairé, la jeune épousée se conformait au *rite*.

Elle savait, à l'avance, qu'elle devait paraître émue, troublée, tremblante, éperdue, éplorée.

Ces matrones l'épiaient, l'observaient, pour voir si elle était selon la formule. La mère se trouvait mal ; les tantes cherchaient à l'imiter ; les belles-sœurs larmoyaient. Enfin commençait toute cette série bien connue de grimaces et de simagrées.

Puis, le jour suivant, toute la noce savait quelle avait

été l'attitude de la mariée dans cette situation difficile. Alors, venaient les réflexions, les critiques. Les uns trouvaient qu'elle n'avait pas assez pleuré, les autres, qu'elle avait trop d'assurance, etc., etc.

Un beau jour, on déclara, au nom de la mode, qu'il était de mauvais ton d'accompagner la mariée ; que cela était bon pour les gens *de peu* ; que les jeunes époux devaient partir seuls. Dès ce moment, il y eut un changement subit. Les mères, les tantes, les belles-sœurs furent invitées à retourner chez elles et à mettre leurs mouchoirs dans leurs poches. La mariée partit comme tout le monde : elle fut dispensée de se faire un visage de circonstance. Et, le lendemain, quand les parents anxieux, comme s'ils avaient, à l'exemple de Laomédon, livré leur fille au Minotaure, allèrent frapper à la porte des jeunes époux, ils trouvèrent ceux-ci à table dégustant des huîtres d'Ostende et dévorant un pâté de foie gras en intercalant le tout par des ris.

« Tiens, c'est papa ! tiens, c'est maman ! Quoi ! vous vous êtes dérangés sitôt ! Mais nous allions aller vous voir, c'était dans nos projets ».

Et les parents de s'apercevoir que leur présence n'était point indispensable et que leur visite n'était pas impatiemment attendue. Leur fille ne réclamait ni encouragement ni consolation.

Si la jeune fille, le jour de son mariage, ne trouve qu'une réalité décevante, c'est que le sujet qu'elle a rencontré est indigne d'elle ; ou bien qu'il lui inspire tout à coup une antipathie subite.

Les unions se font dans des conditions si déplorables que ce qui devrait être attrait, charme, plaisir, se métamorphose, le plus souvent, en corvée.

Si je me suis attachée à faire ressortir cette question de tempérament, c'est parce qu'elle est intimement liée à la question de l'adultère et qu'elle y joue le premier rôle ; et que celle-ci ne pourra se résoudre qu'en tenant compte de celle-là.

En matière de pénalité, lorsqu'il s'agit de prononce une condamnation, d'appliquer des châtiments, les études superficielles ne sauraient suffire. De ce qu'une loi a été promulguée, de ce qu'elle est en vigueur, il ne s'ensuit pas qu'elle soit juste; il faut qu'elle soit basée sur la nature.

Or, prenons le mariage à son point de vue le plus irréductible. Qu'est-il, physiologiquement parlant?

L'union de deux organismes qui ont chacun des fonctions à remplir; en conséquence, des besoins, des appétits, des désirs, et qui cherchent mutuellement à les satisfaire l'un par l'autre; l'objet de cette satisfaction étant la perpétuité de l'espèce.

Voilà le fond du mariage, voilà son but. Qu'on l'embellisse, qu'on l'orne, qu'on le poétise, on n'en changera pas le caractère essentiel : il est invariable. Et quelque divers que soient les circonstances, les honneurs, les positions et les individus, le mariage ne sera toujours que cela et rien autre chose; tout le reste venant par surcroît.

On comprend que si l'un des conjoints se soustrait à ses obligations, il autorise volontiers l'autre à commettre l'adultère, le but du mariage n'étant pas atteint.

Aussi le cas d'adultère de la femme est-il toujours complexe; l'accusée n'y est pas seule en jeu. Quand on touche à l'infidélité de la femme, on touche en même temps à la conduite du mari.

C'est parce qu'on nie le tempérament de la femme bien élevée — comme si la femme bien élevée ne faisait pas partie de la nature, — que des vieillards ou que des hommes caducs avant l'âge ne se font aucun scrupule d'unir leurs débris à des jeunes filles resplendissantes de jeunesse et de santé; c'est parce qu'on nie le tempérament de la femme honnête, que *l'honnête* mari gaspille en ville ses dispositions galantes. Tous sont intéressés à se persuader que leurs femmes seront encore trop heureuses de les voir rentrer à la maison. Une femme honnête se contente de si peu!

Et le jour où la femme est adultère, de tels hommes se constitueront juges !

De quel droit ?

Les uns auront accepté, en connaissance de cause, un mandat dont ils se savent incapables de s'acquitter; les autres, en dépit de leurs engagements, porteront à des concubines ce qui appartient à leurs femmes. Quand on manque de vertu soi-même, on perd le droit de l'exiger chez autrui.

Et lorsque l'homme surprend sa femme en adultère, on devrait s'enquérir des mœurs du mari. S'il était prouvé que lui-même a été adultère antérieurement à sa femme, on le débouterait de sa plainte.

L'homme s'écriera : « Mais l'adultère de ma femme peut me donner des enfants étrangers. »

La femme répondra : « L'adultère de mon mari peut me mener à la ruine. »

— Vous deviez avoir assez de force, assez de raison pour résister, répondra le mari.

— Vous qui représentez la raison, vous en avez bien manqué le premier, répondra la femme ; je n'ai fait que vous rendre ce que vous m'avez donné.

— Chez moi, c'est un caprice des sens, exclame le mari.

— Chez moi, c'est une nécessité. Vous m'avez faite veuve sans l'être.

Donc, pour porter un jugement équitable, comme préliminaire du procès, la justice devrait s'informer des manières d'être des deux époux. Il ne s'agit donc pas de savoir si le mari doit se venger ou faire miséricorde ; le terrain du débat n'est pas là. Il s'agit de s'assurer si, par rapport à sa conduite, il a le droit de punir ; et si la femme mariée, privée de mari, peut toujours et quand même résister aux sollicitations de la nature.

Il est fréquent qu'une femme célibataire ou veuve vive dans la plus parfaite continence. C'est de propos délibéré qu'elle a choisi cette position correspondant sans doute à ses idées, à ses goûts ; d'ailleurs, rien ne l'engage, rien ne l'oblige à ne point changer d'avis dans la suite. Tandis qu'une femme qui s'est mariée prouve clairement qu'elle n'a voulu rester ni dans le célibat, ni dans le veuvage. Or, si le mari, par son inconstance, lui impose, contre son gré, cette situation, elle a de si forts griefs à faire valoir qu'elle a volontiers droit à l'acquittement en cas de délit.

A coup sûr, il est beau, il est sublime d'unir à la hauteur des principes une force d'âme capable de faire triompher la vertu dans n'importe quelle circonstance. Mais lorsqu'on édicte des lois, on se fonde sur les natures moyennes qui forment la généralité de l'humanité, et l'on fait abstraction des caractères exceptionnels. Sans quoi, la loi deviendrait inapplicable et impraticable.

Voilà le seul moyen de rétablir la justice et de rendre un arrêt équitable.

Où la partialité est manifeste, où l'injustice est criante, c'est en ce qui concerne l'adultère du mari. Ce dernier n'est condamné qu'à une amende dans le cas où il introduirait sa maîtresse sous le toit conjugal. Ceci ressemble à une plaisanterie. Et ce serait vraiment à donner envie de se faire justice soi-même. Du reste, le mariage est le contrat le plus léonin que la femme puisse jamais signer.

Et comment M. Alexandre Dumas ose-t-il nous dire que cette institution est tout à l'avantage de la femme ! Quel contresens !

Quoi ! la fille majeure n'entre-t-elle pas en possession d'elle-même ! Si elle a une fortune, n'est-elle pas libre de l'administrer à sa guise, d'aller où il lui convient ; d'agir comme elle l'entend, de recevoir qui bon lui semble et de mener une vie selon ses goûts ?

Dans le mariage, au contraire, elle abdique sa liberté, son nom ; elle livre sa personne, sa fortune ; enfin, elle s'aliène du tout au tout, comme si elle devait nécessaire ment trouver dans le mari qu'elle prend une direction supérieure. La loi, notez bien, est censée supposer dans tout homme l'intelligence, la loyauté, la raison. Évidemment, cette supposition n'est qu'une fiction. Mais on n'en donne pas moins à cette fiction force et puissance.

Le gouvernement est remis à l'homme. Cependant, quand l'homme a une maîtresse, il semble que ce serait bien le moins que la loi offrît une protection à la femme. Eh bien, loin de lui fournir des armes contre la trahison de son mari et les conséquences qui peuvent en résulter, elle les lui refuse

Dès qu'un homme a une maîtresse, il est en voie de ruiner sa femme ou tout au moins de distraire quelque chose de son ménage. Non seulement la femme légitime est délaissée, mais de plus, elle est privée, elle est réduite dans ses dépenses pour faire face aux exigences illicites du mari.

La situation est trop connue pour que je m'étende davantage sur ce sujet.

Je le répète, le mariage, tel qu'on le pratique, n'est le plus souvent pour la femme, — en me servant d'un mot de Montaigne. — qu'une affreuse *piperie :* elle s'engage sans engager l'homme au même degré.

Quand les faiseurs de comédies nous mettent le mariage et l'adultère en scène et qu'ils essaient, à ce propos, de soutenir une thèse, le spectateur n'en peut tirer aucune leçon : tous les personnages sont de convention. Cette opinion que la femme n'a point de passion jouit d'une si haute estime que, lorsqu'un auteur veut nous intéresser à une femme adultère, il se garde de donner pour motif de sa chute l'entraînement de l'imagination et des sens, il préfère nous présenter cette femme indifféremment passive, victime en quelque sorte d'une défaillance inconsciente.

Et vraiment, on dirait qu'à plaisir, l'auteur marche contre le but qu'il veut atteindre, car il ne néglige jamais de mettre en opposition un mari modèle, comme on n'en voit pas. Donc, loin d'atténuer la faute, il ne fait que la rendre plus détestable, puisqu'il lui enlève l'excuse d'une revanche ou bien celle de l'amour.

« Exemple : *le Supplice d'une Femme, la Comtesse de Sommerive.* »

Je ne puis m'empêcher de rire, lorsque je vois des hommes avoir la prétention d'apprendre à la femme ce qu'elle est, tandis que c'est à elle à le leur apprendre. « Laissez parler la femme, disait Enfantin, et nous saurons ce qu'elle sent, ce qu'elle pense et ce qu'elle veut. Nous n'avons aucun droit de lui imposer des conditions d'existence sans savoir si elles lui conviennent. »

Et maintenant laissons M. Alexandre Dumas fils.

Son livre n'a été pour moi qu'un prétexte.

Cette question des femmes, je l'ai déjà traitée, sous bien des faces; mais le moment est venu de la reprendre avec plus de persistance que jamais.

L'avenir social en dépend.

Oui, il y a lutte; oui, il y a antagonisme entre le masculin et le féminin ; et cette guerre sourde, latente, féline est aussi vieille que le monde.

Quelle en est l'origine? quelle en est la cause?

Les traditions nous tirent-elles d'embarras ?

Non; pour la bonne raison que toutes ne s'accordent pas au sujet de la chute.

L'Inde impute la faute à Brahma, l'Égypte aux âmes; la Grèce à deux versions : Pandore et Prométhée. Et, d'ailleurs, si l'on devait se baser sur les légendes que de vérités scientifiques il faudrait abandonner, et que d'erreurs il faudrait reprendre !

Tenons-nous-en donc à la méthode expérimentale.

La source de cette servitude me paraît facile à découvrir si l'on veut bien admettre la théorie la plus simple et la plus naturelle.

Dans les âges de concurrence vitale, la force musculaire fut tout. La femme ne joua donc alors qu'un bien petit personnage; et tout ce qui fut délicat, frêle, ne fut pas mieux partagé qu'elle.

Ceux qui étaient forts devinrent inévitablement chefs, dominateurs et partant orgueilleux. Ils crurent volontiers que leur origine était supérieure à celle des autres hommes, et que quelque divinité tutélaire leur avait conféré ce privilège de la force dès leur naissance. Tous les grands hommes des temps héroïques ne manquèrent pas de se dire issus des dieux et de prendre pour maître de l'univers une divinité masculine. Associant toujours l'idée de puissance à l'idée de développement corporel, ils ne représentaient les dieux que dans des proportions colossales. Ils étaient imbus de cette croyance que les héros après leur mort acquéraient une taille plus élevée et plus majestueuse.

Ce qui explique comme quoi la Bible nous enseigne que l'homme est sorti le premier des mains du Créateur; que la femme, — production seconde, — a été formée de l'homme. Donc, une force ne produisant jamais une force égale à elle-même, l'homme est moins fort que Dieu, et la femme moins forte que l'homme.

Cette façon d'expliquer les choses se trouvait tout à fait d'accord avec l'état des esprits; et, *a priori*, il est logique qu'on ait jugé que l'intelligence était en raison de la vigueur; et que là où il y avait vigueur, il devait y avoir commandement.

Il appartenait à la méthode expérimentale de modifier singulièrement cette opinion.

Le règne de la force dans les temps primitifs fut donc un fait naturel, fatal. Plus tard, on y joignit l'artifice. Comme la force n'est toujours que relative, et qu'on est d'autant plus fort qu'on est entouré de moins forts que soi, ceux qui avaient la puissance mirent leur premier soin à empêcher leurs semblables à se développer, à s'élever, à se fortifier.

Alors s'établit cette théorie fausse, malsaine, vicieuse

qui base la grandeur d'un seul ou de plusieurs sur l'abaissement du plus grand nombre.

Telle est notre ennemie.

Tel est le point de départ de notre subordination.

Cette théorie a prévalu et prévaut encore dans l'ordre politique comme dans l'ordre social. Elle amoindrit l'humanité, elle paralyse l'essor intellectuel des masses. Elle crée des luttes de sexe à sexe, de nation à nation, de classe à classe, d'individu à individu. Elle a cependant perdu beaucoup de terrain.

Nous avons vu figurer successivement l'esclavage, le servage, le vasselage; enfin le peuple a obtenu l'égalité devant la loi. Quant à la femme, son tour est encore à venir.

Aujourd'hui, cette théorie de la grandeur s'est retranchée dans sa dernière position, et elle y défend avec acharnement sa dernière aristocratie : l'aristocratie masculine. L'homme, par rapport à la femme, s'est constitué en *noble;* il s'entête à ce privilège. Il a basé sa dignité, sa qualité, sa supériorité sur l'asservissement féminin. Et quand on lui parle d'affranchir la femme, de la libérer, de la rendre son égale, il se figure qu'il va cesser d'être homme, qu'on veut l'inférioriser.

Pour lui, partager ses droits avec elle, cela équivaut à les perdre.

N'est-il pas bizarre que l'homme s'imagine que la femme ayant un droit égal au sien, elle sera tout et lui rien ?

Aussi rencontrons-nous les plus grandes hostilités de la majorité des hommes. Un certain nombre d'esprits plus profonds, plus justes et surtout plus perspicaces, comprennent qu'en somme l'humanité pourrait bien gagner à cet acte de justice ; et que, tout bien réfléchi, il n'est peut-être pas très habile d'inférioriser un sexe qui entre de moitié dans leur façon.

Si tant d'adversaires s'élèvent contre nous, c'est que l'homme conserve une vieille rancune.

Il s'est toujours senti humilié, lui qui se déclare maître et souverain, de subir, ne fût-ce qu'une heure, le joug d'une créature faible et délicate, en apparence du moins. Il a considéré cette domination passagère comme une action maligne. Il a d'autant cherché à soumettre la femme qu'il redoute son empire. Il en est arrivé à ce triste résultat d'abaisser la femme intellectuellement et de subir quand même son influence ; ce qui ne l'a pas grandi d'un pouce, tant s'en faut. Les hommes n'avoueront jamais cette faiblesse de leur part.

On cache généralement les calculs de vanité et d'égoïsme.

Ils ont inventé quelques arguments perfides — je dis perfides parce qu'ils ont un faux air de bonne foi et qu'ils entraînent la plupart des gens sans leur laisser le loisir d'examiner s'ils sont vrais.

On a commencé par dire que les différences physiques impliquent nécessairement des différences morales. *Nécessairement* est de trop, et l'expérience de tous les jours contredit cette assertion.

Ce ne sont point les hommes les plus barbus, les plus moustachus qui font le plus preuve d'intrépidité.

La nature se plaît à opposer des contrastes ; il est à remarquer qu'elle ne favorise pas les êtres de tous les côtés. Ce qu'elle donne d'une part, elle le refuse de l'autre. Elle loge souvent les énergies les plus rares dans des corps grêles. La physionomie de Jules Gérard, le célèbre tueur de lions, était efféminée, son corps était grêle. La plupart des grands hommes se recrutent parmi les petites tailles. Les exemples abondent. La vraie force est dans l'esprit.

Interrogez là-dessus la physiologie et vous ne la trouverez pas très forte en matière cérébrale.

Elle vous dira qu'on pense avec le cerveau, ce dont vous vous doutez depuis longtemps. Mais quant à vous apprendre ce qui constitue tel ou tel degré d'intelligence, n'y comptez pas. Des hypothèses, oui; des certitudes, non.

Les peintres se sont obstinés à nous représenter Judith sous des formes gigantesques. Horace Vernet nous en a fait une sorte de Mars juvénile en jupe; Ziegler un colosse sauvage. Qui nous dit que l'héroïne juive ne fut pas petite et mince? Avec la grâce de Dieu — on peut toujours couper le cou à tout le monde. Moïse était petit et bègue; Michel-Ange nous le représente comme un géant. Élisabeth d'Angleterre était mignonne et d'un blond roux.

Que de jugements à rectifier!

Au nombre des arguments fallacieux figure celui-ci.

« La femme est un être de sentiment, l'homme est un être de raison. »

Or, comme il est du plus élémentaire bon sens de conférer le gouvernement de la famille et de la cité au plus raisonnable des deux, il s'ensuit que la direction des affaires revient légitimement à l'homme.

Cette conclusion donne le change, elle paraît logique. C'est bien dommage que les prémisses n'en soient pas vraies. Cette distribution est absolument arbitraire; elle vient en ligne directe de la prévention et non de l'observation.

La femme a autant de raison que l'homme et l'homme autant de sentiment que la femme; car ces deux êtres procèdent réciproquement l'un de l'autre; et, par voie d'hérédité, ils échangent, ils se transmettent mutuellement leur caractère respectif; en sorte que le type féminin et le type masculin se croisent et se confondent.

Cette prédominance de sentimentalité chez la femme est plus une apparence qu'une réalité, qu'elle doit en partie à son éducation. Les Carthaginoises jetaient leurs enfants dans les bras enflammés de Moloch; les Lacédémoniennes voyaient fustiger jusqu'à la mort leurs enfants dans le temple de Diane; chez certaines peuplades de l'Amérique du Nord, les femmes servent de bourreau. Dans tous les cas, cette sensibilité ne nuit en rien à son esprit de conduite.

Sans invoquer les héroïnes illustres de l'histoire, nous voyons, autour de nous, une foule de femmes chefs d'industrie, chefs de commerce, très aptes à entendre et à mener les affaires, à administrer, à s'enrichir et à garder leur fortune ; à remplir les fonctions du père dans la famille ; enfin, à faire preuve de fermeté.

Malgré sa servitude, malgré l'étroitesse de son éducation, malgré la malveillance qu'on lui a opposée, elle a su, dans tous les temps et à quelque rang qu'elle appartînt, faire preuve d'énergie, d'héroïsme, de talent, de génie même. Et cette femme, soi-disant faite pour obéir, a excellé dans l'art de gouverner. A combien d'œuvres n'a-t-elle pas apporté sa collaboration anonyme, l'homme se réservant la gloire d'y apposer sa signature !

La femme n'est donc pas seulement un être *auxiliaire, subordonné* ; elle n'est point seulement un être *complémentaire*, elle est un être complet.

Elle est l'égale de l'homme.

La supériorité de celui-ci n'est que factice et artificielle, puisqu'il ne l'obtient qu'en comprimant l'essor des capacités féminines.

Homme et femme ne diffèrent que dans la forme : ils sont identiques quant au fond.

Et je mets au défi quiconque de trouver dans l'un des deux sexes un goût, une passion, une faculté qui fassent défaut à l'autre.

La cause consciente de l'Univers, Dieu a voulu que ce fût ainsi, afin qu'homme et femme, destinés à s'associer, à s'unir, à poursuivre un même but, puissent se suppléer mutuellement dans les circonstances de la vie. Les événements déroutent le plus souvent les prévisions les plus sages ; nul ne peut dire : « je ferai ceci ; un tel fera cela ; » ils mettent fréquemment les gens en demeure de remplir des fonctions inattendues. Il est donc nécessaire que la femme exerce ses facultés pour être à la hauteur de toutes les situations. Par ce moyen, en l'absence de l'époux, du père, elle évitera à sa famille ces transitions brutales, terribles, qui la font passer d'un état de prospé rité à un état de misère.

La femme veuve redoublera de courage, multipliera ses efforts et pourra, à elle seule, élever ses enfants et préparer leur avenir.

Tant qu'on ne restituera pas à la femme la place qui lui appartient, l'économie sociale sera troublée.

Croyez bien que l'homme ne doute pas, autant qu'il le veut paraître, des capacités de la femme, il les appréhende même.

C'est pourquoi il refuse énergiquement de les mettre à l'essai.

Résumons :

Quel a été le résultat obtenu par la servitude des femmes ?

Le voici :

1° Amoindrissement de l'humanité, privée de la moitié de ses forces ;

2° Scission de l'humanité en deux camps, représentant chacun des intérêts opposés. Conséquences : Mouvement en sens inverse, discordes, gâchis général ;

3° Immoralité ; car dès l'instant qu'il y a deux morales, il n'y a plus de morale. Et, nous l'avons dit : la morale est la *loi d'ordre* ;

4° Crise.

On m'objectera que tous les siècles et tous les peuples ont décrété la subordination de la femme, et qu'ils n'en ont pas moins prospéré pour cela. Ne parlons pas si haut, l'histoire enregistre plus d'une décadence. Et, si l'on veut se donner la peine d'en scruter les causes, on s'apercevra bien vite que celle-là n'est pas une des moindres.

Tant qu'il restera une injustice légiférée, les sociétés seront menacées de dissolution.

Si les nations ont prospéré quand même, cela prouve que l'humanité est robuste, et qu'à l'égal des organismes dont elle est composée, elle renferme des forces vitales qui résistent longtemps à des influences délétères, à un mauvais régime, à une fausse hygiène. Mais un instant arrive où elle en est réduite à changer de direction, sous peine de dégénérer et de périr.

Le système de l'infériorité de la femme en est arrivé à sa dernière conséquence. Il a fait son temps, il est à sa fin. Si la femme a été si lente à sentir tout le poids de sa chaîne, toute l'humiliation de sa situation, c'est que la soi-disant domination qu'elle exerce en amour lui a donné le change.

Cette souveraineté passagère a flatté cette paresse humaine qui aime assez, pour tout obtenir, n'avoir que la peine de naître et de paraître. Mais l'amour n'ayant qu'un moment comme la jeunesse qui l'inspire, la femme commence à comprendre qu'il vaut mieux une égalité durable qu'une royauté fugitive.

Il était naïf, il était enfantin de s'imaginer que cette marche ascensionnelle des masses vers l'égalité, que ce mouvement universel vers la liberté n'entraînerait pas irrésistiblement tous les êtres; qu'il se circonscrirait dans la moitié de l'humanité, qu'il ne se bornerait qu'à un sexe.

Combien c'était méconnaître les lois de l'inflexible logique! Combien c'était ignorer les phénomènes de l'hérédité! Combien c'était nier la puissance de la contagion!

Le sang de nos pères émancipés coule dans nos veines; les idées d'indépendance qui ont exalté nos mères, ont germé dans le fond de nos cœurs, elles vont bientôt atteindre le degré voulu d'épanouissement.

Le droit des femmes paraît intimement lié à la fortune de la République. Il est certainement une résultante logique et nécessaire au principe de démocratie, et les démocrates qui le rejettent ne sont que des insensés, car ils démentent leurs doctrines.

L'œuvre de la libération de la moitié de l'humanité est, comme la République, à sa troisième tentative : elle s'est essayée en 1789, en 1848 et aujourd'hui.

Rien d'important ne réussit du premier coup. Il faut toujours passer par cette filière d'expériences et de tâtonnements successifs.

La République semble, cette fois, vouloir s'affermir ; et le droit des femmes qui marche à son côté, commence à être une question avec laquelle il faut compter.

Persévérons dans nos efforts.

Toute vérité a son heure.

LE SUFFRAGE UNIVERSEL

DISCOURS PRONONCÉ A LA SOCIÉTÉ DES « AMIS DE LA PAIX ET DE LA LIBERTÉ » A LA SALLE PIERRE PETIT EN 1879.

J'ai tenu à traiter, aujourd'hui avec vous, la question du suffrage universel.

Le suffrage universel est, à l'heure présente, la base fondamentale et indestructible de toute société soucieuse du progrès. Le Suffrage universel n'est que la participation de tous à la gestion de tous; il n'est que l'application d'un droit naturel fondé sur l'égalité originelle des hommes.

Rien de plus simple, rien de plus légitime en soi; puisque tous les membres de la cité supportent également les charges, subissent nécessairement et inévitablement les conséquences heureuses ou malheureuses des événements publics et politiques, il est de la plus stricte équité qu'ils puissent manifester leurs opinions, leurs volontés et exercer un contrôle et une influence sur les décisions et les actes du pouvoir qui, en somme, ne doit être qu'une délégation. Ce qui n'empêche pas que, bien que conforme à la justice, peut-être même à cause de cela, le suffrage universel n'ait été fortement combattu, contesté dans son principe, et qu'il n'ait soulevé et qu'il ne soulève encore des discussions passionnées.

Je vous ferai grâce de celles qui émanent du parti clérical : récriminations violentes, arrogantes de MM. les cardinaux, archevêques, évêques et *tutti quanti*. Le congrès de Chartres, les cercles catholiques, les mandements, les sermons des curés nous ont fait voir ces messieurs parlant avec cette bravoure de gens auxquels on a laissé le droit de tout dire et de parler à tort et à travers, sans courir aucun risque et en restant indemnes. Parmi eux s'est particulièrement distingué **M.** de **Mun**, ce prêcheur casqué; j'aime à voir cette *intrépidité* chez un militaire.

Nous nous arrêterons seulement aux objections qui nous paraissent dignes d'être réfutées. On a dit : la capacité est rare, donc le gouvernement du nombre ne sera autre que le gouvernement de la médiocrité. Une fois que les médiocres ont voie délibérative, comme ils forment la majorité, ils neutralisent, dans les assemblées et dans les conseils, l'action salutaire des capables. Il est donc bien plus logique, pour avoir une direction supérieure, de choisir les plus intelligents et de s'en référer à eux pour la conduite des affaires.

Ce raisonnement semble rempli de sagesse. Seulement, il faut se demander si avant le suffrage universel, les sociétés étaient nécessairement gouvernées par des capacités. Etait-ce aux temps de la monarchie absolue, où le gouvernement des peuples dépendait des hasards de l'hérédité, laquelle, régulièrement, faisait succéder à un souverain capable une demi-douzaine de vicieux ou d'imbéciles? On nous dira : si le prince était nul, le ministre pouvait être intelligent? A moins que ledit imbécile ne choisît de préférence un ministre intrigant favorisant ses plaisirs royaux.

Serait-ce davantage, à l'époque où le suffrage censitaire était en vigueur? Le paiement de trois cents francs d'impôt, même de deux cents, tenait alors lieu de brevet de capacité. Tout homme intelligent et instruit ne pouvant satisfaire à cette condition était éliminé. Du reste, le gouvernement n'aimait pas les capacités, et il en a donné la preuve en 1848. La réforme ne demandait point le suffrage universel, mais simplement l'adjonction des capacités. Le gouvernement refusa et tomba.

On a dit encore : la politique est la plus vaste et la plus grande de toutes les sciences ; et comme la plupart des hommes sont absorbés par les préoccupations de pourvoir à l'existence et de satisfaire aux exigences de leur profession, ils n'ont pas le loisir de l'étudier et de l'approfondir. D'ailleurs, tous n'y sont point aptes ; de même que tous ne peuvent être mathématiciens, chimistes, jurisconsultes, etc., etc.

Il est donc nécessaire qu'un corps spécial soit affecté à ce travail.

Ici, il y a méprise et confusion. Il faut bien nous entendre sur la portée du mot : science.

Oui, sans doute, la politique est une science, bien que, jusqu'à présent, nous n'ayons rien vu de semblable en elle, car toute science, et même tout art, s'appuient sur des principes fixes et invariables ; tandis que les hommes politiques se sont fait, en tout temps, gloire et honneur de n'en point avoir.

La politique diffère de toutes les autres sciences en ce qu'elle ne peut être traitée à part et qu'elle ne donne pas lieu à une étude spéciale et exclusive : elle est éminemment générale. J'entends ici le terme dans son acception la plus étendue, parce que non seulement elle comprend tous les éléments idéaux et positifs d'une nation et de l'humanité, mais surtout parce qu'elle est commune à tous les hommes ; elle est immanente.

Ainsi, lorsque l'illustre Aristote dit : « L'homme est un animal politique, » il signale, par cette seule qualité, le caractère spécifique qui distingue l'humanité de toutes les autres espèces.

La politique, ressortant de la sociabilité, est la condition indispensable de l'entier développement des individus qui la composent ; lesquels ne peuvent l'acquérir que lorsque l'existence de chacun d'eux s'effectue sous le double mode individuel et collectif. Ce qui fait que cette faculté politique, comme tous les instincts constitutifs de l'humanité, est présente dans chacun de nous à des degrés différents ainsi que la pensée ; les uns pensent plus que les autres, tous, néanmoins, pensent.

Celui qui est indifférent à la politique ne remplit pas sa destinée.

La politique est donc en complète contradiction avec elle-même lorsqu'elle se laisse représenter par une fraction; elle qui a son origine dans la totalité et l'universalité des peuples. N'est-il pas absolument illogique que les masses ne figurent que l'intérêt privé, tandis qu'une faible minorité, dite politique, figure les intérêts publics ?

Les conducteurs des peuples, pour légitimer leur domination, n'ont rien trouvé de mieux que de recourir à une analogie fallacieuse.

Dans l'antiquité déjà, un certain Menenius Agrippa, habile farceur, bien que sénateur romain, s'amusa pour calmer le peuple en rébellion, de lui débiter l'apologue : les *Membres* et l'*Estomac*. Vous la connaissez. Le bon La Fontaine l'a vulgarisée en en faisant une fable qui n'est qu'une flagornerie à l'adresse de la royauté. Les membres révoltés, c'est le peuple; l'estomac, c'est le pouvoir. Les membres, refusent de servir l'estomac. Celui-ci privé désormais d'alimentation, de nutrition, d'assimilation, est incapable de remplir son office et de reporter les forces acquises dans l'ensemble de l'organisme; il se débilite, et en même temps les membres tombent dans la langueur et maudissent trop tard leur insurrection insolite. Telle est la morale.

Que l'on compare un pouvoir à l'estomac, l'image peut être exacte ; tant de monarchies, d'empires, d'aristocraties ont dévoré et englouti de peuples et de pays qu'il n'y a pas à réclamer si on les appelle des gargantuas.

Mais qu'on ait l'aplomb de conclure que plus le pouvoir consomme, plus le corps social s'en trouve bien, la plaisanterie est mauvaise.

Cette analogie est radicalement fausse. C'est une

image spécieuse propre à ne tromper que les sots. Et il est aussi inexact de comparer, de nos jours, la société à un mécanisme, et chacun de ses membres à un rouage spécial destiné à remplir une fonction déterminée, le tout recevant l'impulsion du moteur principal. Ce moteur, en société, est l'homme d'État, le diplomate. Malheureusement, toutes ces analogies, ces comparaisons pèchent par la base. Assimiler les individus aux rouages d'une mécanique ne vaut pas mieux que de les assimiler aux membres et aux organes du corps humain. Ni les uns, ni les autres, nous ne sommes des rouages d'une même machine ; mais bien une machine entière, complète, ayant son moteur en soi et son principe de direction.

Nous le répétons, chez les individus, l'aptitude politique n'est jamais absente, elle ne diffère que dans le degré. C'est en exerçant cette aptitude, comme nous le disions plus haut, qu'on en connaît l'étendue et qu'on en mesure la limite. Qui donc se chargera de faire cette distribution des fonctions ? Qui donc pourra dire : tu feras ceci, tu feras cela, avant d'avoir soumis les gens à l'épreuve ?

Cette classification arbitraire de l'humanité en cerveaux dirigeants et en cerveaux dirigés est outrecuidante et funeste. J'insiste sur ce point parce qu'il est essentiel. A l'heure présente, nous sommes menacés d'un danger.

Certains savants, M. Renan est du nombre, voudraient reconstituer, au nom de la science, l'arbitraire social qui, jadis, a été établi au nom de la foi et qui consiste dans l'absorption d'une nation par certaines individualités puissantes. En religion, on fait valoir la volonté divine ; en science, la prépondérance cérébrale. Là est la seule différence, il y a donc lieu de se défier. Heureusement que l'étude de la nature ne ratifie pas le moins du monde cette théorie.

Notre idéal est absolument contraire. Nous nous

opposons de toutes nos forces à ce qu'une collectivité s'annihile dans une unité chimérique; que des millions de volontés abdiquent au profit d'une seule; nous voulons l'extension et le perfectionnement indéfini de chaque individu ; nous voulons que chacun par l'éducation, par les conditions de son milieu, parvienne au summum de lui-même; et que tous, indépendants, libres, autonomes, se réunissent, volontairement, sous la loi de la solidarité pour accomplir l'œuvre commune.

Qu'on le sache bien, il n'est pas d'individualité assez puissante, assez vaste pour vivre de toute la vie d'un peuple. Elle peut s'en pénétrer, s'en assimiler quelque chose, en être une des plus glorieuses expressions, mais quant à la contenir et la résumer, jamais. Il n'est pas de conscience particulière qui puisse se substituer à la conscience nationale. Dès que la pensée de l'homme d'État ne puise pas à cette source vive, à cet arsenal de toutes les sèves, de toutes les énergies, le pays décline et périclite.

Voyons dans l'histoire les hommes politiques les plus réputés, il n'en est pas qui n'ait péché par ce côté fondamental et qui ne se soit égaré en violant l'opinion publique. Je passerai sous silence les politiques célèbres qui ont précédé la Révolution ; ils appartiennent à un ordre d'idées si différentes des nôtres qu'il n'y a pas lieu de nous y arrêter.

Examinons plutôt nos sommités contemporaines : M. Guizot, M. Thiers. On a vu rarement deux hommes aussi bien doués. Est-ce le talent, l'éloquence, l'érudition, l'esprit qui manquaient à M. Guizot? Non certes; il était grand écrivain, grand orateur, de l'aveu même de ses ennemis. Qu'a-t-il fait? Il a fait une politique personnelle, une politique en dehors de la nation; il s'est fié à ses seules forces et a déclaré aveugle le pays qui ne voyait pas comme lui; il a échoué misérablement.

M. Thiers n'avait pas moins de mérite que M. Guizot. Lui aussi était historien et avait des qualités oratoires;

lui aussi se trompa beaucoup trop souvent dans le cours de sa carrière politique. On pourrait faire un long chapelet de ses erreurs. Une entre autre, et dont nous ressentons encore, aujourd'hui, les conséquences, sur la loi de l'enseignement de 1850, la loi Falloux qu'il vota avec les cléricaux en haine de la République. Lorsqu'à la fin de sa vie, M. Thiers, appelé aux affaires, se contenta, par une inspiration soudaine, de suivre le courant et de le diriger, cette dernière évolution lui valut un dénouement glorieux.

Voyons ce M. de Bismarck, si redouté des cours étrangères. On ne peut lui nier une tête fortement organisée. Il veut faire l'unité allemande sans se soucier des convenances du peuple allemand et sans prendre garde à l'hétérogénéité des races qui le composent. Pour lui, comme pour la religion, le peuple n'existe pas. C'est tout au plus un instrument propre à exécuter le plan conçu sous son crâne. Il entend le protéger juste assez pour qu'il puisse payer les impôts et servir. C'était l'avis de Richelieu : « On doit, disait-il, laisser quelque chose au peuple, parce qu'il faut qu'il paie et qu'il sente ainsi sa servitude. »

M. de Bismarck rêve une grandeur et une prospérité de la patrie allemande en dehors de la prospérité du peuple allemand. Pour réaliser son projet, il a commencé, pendant des années, à convertir toutes les forces productives de son pays en agents destructifs, et a nécessairement ruiné l'industrie et le commerce. Il comptait se rattraper en France. En effet, il nous a pris deux de nos plus riches provinces et cinq milliards. Eh bien, à quoi a-t-il abouti ? au développement du socialisme et à celui de l'émigration.

M. de Bismarck est hanté par un esprit fatal. Il est obsédé par la vision d'un empire universel. Beaucoup d'autres, dans l'histoire, ont été travaillés par cette maladie. Aucun n'en a réchappé. Les tentatives d'empires universels ont été promptement suivies de démembrements. Démembrement de l'Empire macédonien, fondé par

Alexandre ; démembrement de l'Empire des Romains ; démembrement de l'Empire de Charlemagne. Charles-Quint atteint à son tour de cette même épidémie, lui qui, cependant, pouvait se vanter de voir se lever et se coucher le soleil sur ses États, meurt découragé dans un couvent. Son fils, Philippe II, le trop fameux brûleur d'hommes, ce *démon du midi*, veut aussi asservir le monde ; et malgré les mines du Pérou, son rêve s'écroule dans une banqueroute.

Napoléon Ier qui, certes, dépasse en génie tous ceux-là, entrevit, lui ausssi, la possibilité de reconstituer un empire universel ; et pour atteindre à ces fins, il commença par distribuer divers trônes européens aux membres de sa famille ; tandis que l'inconstante fortune, avec Waterloo, lui préparait Sainte-Hélène.

Or, M. de Bismarck, ne profitant pas de l'expérience historique, cherche à faire de la Russie sa tributaire, de la Chine son alliée ; il fait des avances à la Pologne, à la Hongrie, etc. Il sème les promesses, qu'il paiera en monnaie de singe. Sans être prophète, je déclare que M. de Bismarck court à son effondrement.

Voici donc les brillants résultats obtenus par ces grands génies politiciens ! Et encore, faites attention que nous ne nous sommes adressés, ici, qu'aux natures de première catégorie, de premier choix. Que dirons-nous des autres !

Nous avons pourtant des diplomaties où l'on enseigne soi-disant la gymnastique politique ; l'exercice de la bascule y est fortement recommandé. Ces écoles de dressage apprennent à ceux qui y entrent à brouiller les notions du juste et de l'injuste. Le plus souvent, il en sort des fruits secs, des nullités prétentieuses, des médiocrités fastueuses qui vont encombrer les cours étrangères et étaler, dans les réceptions officielles, leurs boutonnières surchargées et leurs cerveaux vides. Cette gent compromet et gâte souvent les rapports extérieurs par son ignorance crasse des milieux où elle se trouve, par sa suffisance et son insupportable vanité. C'est une inutilité coûteuse qui a plus souvent dérangé nos affaires qu'elle ne les a servies. Quand les diplomates entrent en travail, je suis dans les transes. Pour rendre des services en politique, il suffit d'avoir du cœur, de l'esprit et du patriotisme. Les Francklin et les Washington, qui ont été de grands citoyens, d'habiles négociateurs à l'occasion, et qui ont fondé la République américaine, n'avaient point fait d'études dans les diplomaties, ce qui ne les empêcha pas d'établir le régime de la liberté et de la justice.

Ce n'est ni dans les cours, ni dans le silence du cabinet qu'on acquiert le sens politique; c'est en vivant au milieu de la nation, en connaissant ses besoins et ses aspirations élevées. Les peuples ont l'intuition de leur avenir et le génie de leur destinée.

Je le répète, si l'homme politique ne reçoit pas la lumière du foyer social, il s'engage dans des théories et dans des systèmes créés par son orgueil, et qui n'ont aucun rapport avec la situation réelle. La multitude, au contraire, lui livre la matière première; c'est à lui de la combiner et d'en faire sortir une œuvre profitable à chacun et à tous.

C'est à tort que l'on dit que le progrès n'est lent que parce que les masses ne sont pas préparées à le recevoir. Cela est inexact. Jamais un peuple n'est ni stationnaire, ni réactionnaire; il n'est point assez satisfait de son sort pour ne point désirer l'améliorer par des changements et des réformes. Les vrais stationnaires et les réactionnaires sont les corps établis et les classes dirigeantes. Se trouvant bien à leurs places, ils craignent que tout mouvement en avant ne vienne les déranger. Ce sont donc les conducteurs des peuples qui paralysent l'élan de ces derniers, loin de le stimuler.

Jetons un coup d'œil sur l'ensemble européen. Que se passe-t il et où en est la politique? L'inanité des travaux et des résultats nous montre combien elle est tombée bas.

Les peuples marchent quand même; les sciences progressent ; elle seule ne bouge pas. A ceux qui lui crient : « Avance », elle ne répond pas le *non possumus* ultramontain, mais le *non volumus*. Elle est aujourd'hui ce qu'elle était il y a trois cents ans. Les milieux sont changés, peu lui importe : elle est immobile ; elle est comme la religion, elle est au-dessous du besoin des esprits, en dépit du droit individuel, du droit national, de l'autonomie, de la solidarité qui sont dans tous les cœurs et dans tous les écrits.

La politique, cette science déclarée la plus grande des sciences, a pour unique représentant une sixaine de têtes officielles — et je crois que j'en exagère le nombre — qui s'imaginent très sérieusement être providentiellement construites pour conduire à elles seules les intérêts de l'univers. Ainsi les immenses questions de rapports internationaux, de destinées des races, des peuples et de la civilisation deviennent le monopole de ces cerveaux soi-disant transcendants. Eux seuls s'arrogent le droit de gouverner le monde sans daigner le consulter. Le champ de leurs investigations se borne à eux-mêmes ; l'objet de leurs études est eux-mêmes ; ils s'épient, se guettent, se mentent, se trompent réciproquement ; ils adhèrent aux spoliations les plus criantes, les plus monstrueuses ; ils prennent des décisions qu'ils érigent en dogmes. Et quand l'opinion publique ne les ratifie pas, ils la considèrent comme une rebelle et la traitent comme telle. Ils dissolvent les assemblées parlementaires, entreprennent une croisade contre la liberté et poursuivent leur œuvre de rétrogradation.

Mais qui donc les autorise, les consacre? La naïveté, la crédulité publique. Cette crédulité provient d'une certaine disposition à l'admiration, à l'engouement et aussi à une assez forte dose de paresse qui aime à se démettre des droits quand ils impliquent trop de devoirs.

C'est pour ces motifs qu'un pays donne aveuglément sa confiance à quelques retentissantes personnalités ayant fait preuve de qualités brillantes, et qu'il est naturellement porté à leur prêter toutes les autres. C'est là une grande erreur. L'essor exagéré de certaines facultés nuit souvent au développement de certaines autres moins apparentes mais plus substantielles.

Ce n'est pas que nous contestions le profit et l'avantage qu'une nation peut tirer de ces riches et exubérantes natures.

Ce sont d'admirables instruments de propagande et de persuasion. Plusieurs arrivent à point pour dégager une vérité qui était à l'état vague et obscur dans les âmes; quelques-uns viennent à propos pour aider à opérer des réformes. Mais ces beaux résultats ne seront obtenus que si ces êtres, si favorablement doués, ne cessent de prêter une oreille attentive aux vœux de leurs nations, et ne se détachent jamais de ce centre de vie; et que les nations, elles-mêmes, continuent à exercer leur contrôle. Sans quoi ces dons merveilleux tournent au rebours. Puis, il y a encore à faire observer qu'une société ne vit pas seulement d'exceptions.

Je dirai même que ce régime d'exceptions présente plus d'un danger, et amène une série de hauts et de bas des plus préjudiciables.

Quand l'homme d'État hors ligne meurt, suivant la loi naturelle, tout le pays qu'il conduisait est aux abois; tous s'étant reposés sur un seul, tombent dans la stupeur quand celui-ci disparaît. Les esprits n'étant pas préparés, de longue date, se sentent incompétents, troublés, bouleversés; il faut nonobstant pourvoir à un remplaçant, quitte à se tromper du tout au tout dans ce choix subit.

Non; la marche d'une nation s'accommode mal d'un état semblable, il lui faut des conditions plus stables, plus permanentes. Il y a entre les deux extrêmes de l'intelligence, entre les sommets et les bas-fonds, une partie intermédiaire qui représente la trame, le tissu solide d'une société; c'est-à-dire la somme de bon sens et d'esprit positif d'une nation. C'est là et non ailleurs que se forme l'opinion publique, suffisamment éclairée et résolue pour opposer une résistance légale à tout envahisseur de pouvoir. C'est elle seule qui donne des garanties à un pays ; c'est donc là qu'il faut projeter la lumière. L'avenir d'un pays n'a de réelle sécurité qu'en s'appuyant sur la pensée nationale. Je sais bien que les adversaires du suffrage universel nous jettent à la face la faute de 1848 et l'avènement d'un Bonaparte au pouvoir. En toute sincérité, le suffrage universel en est-il réellement responsable, et le suffrage censitaire eût-il fait mieux? Nous voyons d'abord la capitale donner une majorité écrasante à l'intrigant et au charlatan de Strasbourg. La bourgeoisie n'est-elle pour rien dans ce mécompte? de grands publicistes n'ont-ils pas entrepris une campagne mémorable en faveur du héros qui devait nous mener à Sedan? témoin Émile de Girardin. Qui s'est donc le plus fourvoyé? Est-ce la classe lettrée ou la classe illettrée? Qui pourrait le dire? Du reste, le suffrage universel n'a pas tardé à se remettre en selle et à se réhabiliter. Quoi qu'on dise et quoi qu'on fasse, un peuple peut se tromper temporairement, mais jamais définitivement. Un peuple ne s'acharne pas systématiquement à une erreur. Dès qu'on lui démontre la vérité, dès qu'il la voit luire dans une parole claire, désintéressée, il l'adopte et rejette le faux. L'amour-propre personnel, il ne peut le connaître; de plus, il se renouvelle, se rajeunit sans cesse par l'introduction continue d'éléments nouveaux.

Tandis que, dans les individus et dans les groupes, l'opinion adoptée répond à une certaine disposition de l'esprit et du caractère qui fait partie intégrante de l'individu ; elle devient alors principe, doctrine. Comment, quand on l'a élaborée, travaillée, formulée, publiée, reconnaître publiquement qu'on a fait fausse route, comment abjurer tout son passé ! Il y a là un sacrifice trop pénible de l'orgueil. On persiste dans l'entêtement jusqu'à l'endurcissement. La vieille fable de Pharaon est toujours vraie.

Une nation libre ne tombe jamais dans ce travers-là.

Le suffrage universel ne laisse pas de place à l'esprit de coterie; il sait aussi la part qu'on doit faire aux intérêts ocaux; l'égoïsme n'ose s'affirmer et se faire jour. Là, tous les intérêts marchent de front et s'équilibrent; ils ne peuvent rien revendiquer qu'à un même titre : la justice et le droit. Tandis que lorsque le suffrage est restreint, qu'il est la prérogative d'une seule classe, tous ceux qui en sont investis peuvent se liguer et exploiter le plus grand nombre.

Le suffrage universel est donc conforme à la loi naturelle et à la loi rationnelle.

Présentement, le suffrage universel est admis; mais cette conquête, consentie à grand regret par les réactionnaires de toute espèce et sur laquelle on revient sans cesse, n'a été obtenue qu'à moitié. De même qu'on trouvait qu'une fraction représentait une nation, de même on a trouvé qu'un sexe représentait l'humanité. Suivant des traditions qui rappellent trop leur origine masculine, la femme n'a jamais été qu'un duplicata affaibli de l'homme; un être complémentaire.

Je m'adresse à des gens trop instruits pour être obligée de leur faire observer qu'un complément n'est pas égal à la somme qu'il parfait. Etre complémentaire, c'est être inférieur. Le signe d'infériorité, en humanité, est la prédominance du cœur sur la raison. Donc, avoir du cœur est une mauvaise note. Or, comme les politiciens ont déclaré que la politique est une science de raisonnement, ils ont conclu que la femme devait en être bannie.

Il est vrai qu'il y a bien eu de grands politiques parmi les femmes, l'histoire nous le démontre. Sans doute, nous dit-on, mais on ne modifie pas les lois pour des exceptions. En thèse générale, que feraient les femmes dans la politique ? Elles y introduiraient le sentimentalisme, l'impressionnabilité, le sensibilisme énervant, débilitant, qui ne sont point le fait des diplomaties.

Voici donc qui est bien convenu, arrêté, le cœur est un obstacle à toute bonne politique. Napoléon Ier n'a-t-il pas dit : « Le cœur de l'homme d'État doit être dans sa tête ». Il est vrai qu'il n'a pas toujours eu lieu de se réjouir de l'application qui a été faite de cette maxime ; il en a subi, à son tour, les inconvénients. Cela aurait dû être une leçon pour ses successeurs. Mais c'est le cas de s'écrier : *Jupiter dementat...*

Pour l'homme politique, c'est faire preuve de caractère que de subordonner le cœur à la raison. Encore, ici, faudrait-il savoir de quelle raison il s'agit. La raison, cette faculté directrice, n'élimine pas le cœur, elle l'éclaire et le guide. Autre est la raison d'État, cette raison-là est entièrement opposée à la raison. Il est à remarquer qu'on revêt du beau nom de raison une foule de calculs égoïstes, ambitieux, cupides, qui ne sont que des infractions à la justice, à la morale, à la saine raison.

Vous voulez, dites-vous, une politique rationnelle, rien de mieux ; mais elle ne sera rationnelle qu'autant qu'elle tiendra compte de la nature des êtres qu'elle dirige. Eliminer le sentiment dans la politique, c'est laisser de côté la moitié de la personne humaine ; c'est jeter dehors la force impulsive et déterminative de ses actes. Aussi n'avons-nous pas lieu de nous étonner quand nous voyons qu'aucun de ces systèmes politiques n'a été viable ; aucun, quel que soit le génie de leur chef, n'a résisté à l'action du temps ; parce que tous, sans exception, ont violenté la nature humaine dans ses aspirations les plus intimes, les plus impérieuses, les plus légitimes; toutes ont été anormales.

Il est impossible, entendez-le bien, de faire la séparation du sentiment et de la raison : les deux tiennent ensemble et forment le *moi* moral.

Qui donc pourrait dire que les grands principes fondamentaux sur lesquels se base notre conscience, et qui sont comme la mesure sur laquelle nous ajustons tous nos actes et qui nous en font connaître la valeur, procèdent plus de la raison que du sentiment? Nul ne peut contester que la notion de justice et de droit ne vienne autant du cœur que de la tête. La vue d'un intérêt légitime blessé, d'une iniquité commise excite notre indignation.

Qu'est-ce que l'indignation? une impression, une sensation profonde qui vient vibrer dans le cerveau; ce qui n'empêche pas que ce ne soit la sensation, l'impression qui n'ait donné l'impulsion première. Juvénal s'est écrié : *Facit indignatio versum*. Ce qui veut dire que l'indignation, sentiment spontané, violent, trouve immédiatement l'expression qui peut la traduire. Plus tard, Quintilien écrit : *Pectus est quod disertum facit*. C'est l'âme qui fait l'éloquence. Vauvenargues a exprimé, avec bonheur, la même idée en français : *Les grandes pensées viennent du cœur*.

C'est, qu'en effet, le cœur est l'agent principal de la vie; c'est à ce foyer que le sang vient se raviver et se refaire pour parcourir ensuite tout l'appareil circulatoire. Donc, quand il a reçu une secousse, le sang arrive au cerveau plus riche, plus généreux, plus impétueux; il lui communique la chaleur, l'enthousiasme, l'inspiration. Loin d'élaguer le sentiment et de n'en point tenir compte quand il s'agit de penser et d'agir en grand, c'est le contraire qu'il faut s'appliquer à faire.

C'est ainsi qu'il est des gens qui ont fait de la politique d'un *cœur léger*. On sait où elle nous a conduits.

Et c'est justement, mesdames, parce que la corde sensible vibre en nous, que je voudrais qu'on vous immisçât dans tout et partout pour combattre un égoïsme invétéré et un individualisme envahissant; car vous savez bien que si le sentiment, qui n'est, ici, que le respect et l'amour de ses semblables, est considéré comme un conseiller inopportun en politique, il est de même un objet de suspicion dans tous les agencements en sous-ordre.

Nous étant bien expliquée sur la valeur du sentiment

et la grandeur du rôle qu'il doit jouer dans le monde, nous répétons qu'étant l'âme de la vie privée, il doit également l'être de la vie publique.

Pressés dans leurs derniers retranchements, nos contradicteurs prétendent qu'ils n'entendent point faire fi du sentiment ; que nous leur prêtons des intentions qui ne sont pas les leurs ; qu'ils tiennent le sentiment en grande estime, mais que la faiblesse cérébrale de la femme la porte à s'y livrer sans mesure, et à le pousser à outrance. Que c'est ainsi que, malgré les progrès de la science, la plupart continuent de rester attachées à la superstition ; qu'elles subissent encore l'action de l'Église, laquelle s'adresse spécialement à leur imagination, à leur cœur et à leur ignorance. En un mot, la femme, disent-ils, est cléricale ; elle est, conséquemment, réactionnaire et est avec nos ennemis. La prudence la plus élémentaire nous conseille de ne pas la faire intervenir dans la politique, car si nous avions le malheur d'élargir la sphère de son activité, la société irait en arrière.

Pourquoi donc alors la société n'a-t-elle pas donné à la femme, comme à l'homme, une somme égale de lumière? On dirait vraiment que le cléricalisme est d'importation féminine.

Qui donc a introduit le prêtre dans la politique ? Qui donc l'a fait électeur, député, sénateur, si ce n'est une Constitution rédigée par des hommes ? Qui donc a laissé le sacerdoce envahir le domaine de l'enseignement, si ce n'est une loi promulguée par des hommes ?

Quoi ! les femmes, en politique, gâteraient tout ? Hélas ! il me semble qu'en ce sens les choses sont bien avancées !

On nous dit aujourd'hui : nous voulons prendre une autre voie, et si les femmes étaient électrices, elles fourniraient un appoint considérable à la réaction. Je ferai observer, ici, qu'on applique à tort l'état d'esprit d'une certaine catégorie de femmes du monde à toutes les autres. Il y a lieu de distinguer.

La femme mondaine est loin de représenter la totalité des femmes. Ce sont les oisives, les désœuvrées de la vie factice qui, mises à la retraite pour les succès de salon, se rabattent sur les succès d'Église. Mais les femmes laborieuses, travailleuses, les institutrices, les professeurs, les commerçantes, les ouvrières qui luttent pour l'existence, qui vivent dans le contact permanent du monde réel qui pense, qui agit et qui produit, ne sont pas des réactionnaires, ni des cléricales ; elles souffrent trop de l'état présent pour cela. La femme n'est pas réactionnaire par nature ; quand elle le devient, c'est par détournement.

Cela est si vrai que, dans cette vieille légende de l'Eden, si mal interprétée, la femme, Ève, a pris l'initiative du progrès. A quelle tentation succombe-t-elle ? A celle de savoir et de connaître. Elle cède à la curiosité scientifique. Bienheureuse curiosité, curiosité salutaire ! Sans elle, que serions-nous aujourd'hui ! Tout bien réfléchi, nous devons à cette femme prototype beaucoup plus de remercîments que de reproches.

Ce caractère s'est transmis, en dépit des vicissitudes, dans tous les grands mouvements de l'humanité et de l'histoire. Vous avez vu les femmes apporter le contingent de leur génie, de leur courage, de leur dévouement ; dévouement qu'elles ont poussé même jusqu'au sacrifice de leur vie. Seulement, à la longue, elles ont dû se refroidir ; car si on les a admises à participer à la peine, en revanche, on les a exclues quand il s'agissait de la gloire.

Beaucoup se sont retirées, peu encouragées qu'elles étaient.

La politique du suffrage universel est donc la clé de voûte de toute société soucieuse du progrès. Si elle n'a pas donné tous les résultats qu'on en espérait, c'est que le suffrage universel, amputé d'une moitié, n'a jusqu'ici fonctionné que sur un pied et en boitant, laissant sans emploi une grande partie de ses forces, en ayant refusé la femme comme auxiliaire.

Il se heurte, à tout instant, à une foule de difficultés qu'il s'est créées lui-même : il ne parvient pas à l'enfant ; et celui-ci manque d'éducation civique, car cette éducation doit se donner de bonne heure. Il y a là retard, dommage et déficit. Dans les circonstances exceptionnelles où nous sommes, en train de réorganiser le pays par le régime démocratique, nous avons besoin du concours de toutes nos forces ; nous devons attirer à nous toutes les activités, toutes les influences sans en omettre aucune. Il ne s'agit point seulement de l'avènement d'une classe aux affaires, mais bien de tout un peuple. Donc, il faut que la vie politique circule dans tous les rangs, dans tous les membres de la société sans distinction de fortune, de position et de sexe.

Et, chose curieuse, cette tendance n'est pas seulement particulière à la France, nous la rencontrons chez tous les peuples. Tous se préparent à se renouveler. Cette préparation est le suffrage universel ; ce qui ne revient pas à dire que tous les peuples l'aient à la base de leur constitution, mais que le suffrage universel a des manifestations possibles ailleurs que sur le terrain politique. Le suffrage universel, dans toute l'intégrité du mot, a un mandat, une mission ; son but à atteindre est l'harmonie, c'est-à-dire la concordance des sentiments et des intérêts. Il s'applique donc instinctivement en dehors du domaine politique.

Observons que la multiplicité des congrès qui ont eu lieu pendant l'Exposition de 1878 — et la série n'en est pas encore épuisée, — a mis en relief le besoin qu'ont les peuples de communiquer entre eux, de se consulter, de s'entretenir sans intermédiaire de ce qui les concerne réciproquement.

Cette heureuse inspiration de réunir en un seul faisceau toutes les lumières éparses pour en faire jaillir plus de clarté, ce désir d'arriver à l'assentiment commun, au consentement unanime, n'est-il pas une affirmation imposante du suffrage universel ?

L'humanité, en prenant de plus en plus connaissance d'elle-même, commence à avoir conscience de ses destinées; elle aperçoit que les conditions du développement moral et intégral des individus et des nations, c'est la paix. Elle acquiert la conviction que ses chefs, ses maîtres l'ont menée à contresens et l'ont fourvoyée à leur profit.

De là, la tendance générale des peuples à se donner la main au-dessus de l'action des diplomates qui leur a été à tous plus nuisible que favorable. Ils constatent enfin qu'il leur est plus profitable et plus moral aussi d'échanger des idées, des sentiments, des découvertes, des produits que des balles et des obus; ils se rendent compte qu'une seule guerre détruit, en un instant, des siècles de civilisation. Malgré les efforts des gouvernants pour fomenter et susciter les haines, l'humanité, plus éclairée, reprend ses droits. C'est alors que le suffrage universel qui émet, aujourd'hui, ses opinions dans tout ordre d'idées, représente le sentiment public. Or, l'intérêt général n'est jamais pour la guerre; il n'y a que l'intérêt personnel particulier à qui elle puisse être avantageuse.

Vous entendez bien que nous ne voulons pas une paix quand même, une paix au détriment de l'honneur. Dès que le droit est menacé, ou qu'une cause légitime est lésée, s'il ne reste comme moyen de réparation que la guerre, il n'y a pas à hésiter, il faut la faire; mais en la considérant, au préalable, comme une extrémité dernière. C'est dans cette propagande de la paix que la femme a son rôle tout tracé.

Certains craignent que si la guerre disparaît, il n'y ait abaissement des caractères, affaissement des énergies, diminution des forces. La guerre, dit-on, fortifie les âmes, elle est moralisatrice; elle apprend à se priver, à se dévouer, à se sacrifier; sans elle, adieu les traits d'héroïsme, les mâles vertus, les vertus guerrières.

Ces plaintes n'ont rien de sérieux. Jamais la guerre n'a été et ne sera moralisatrice. Nous l'avons dit tout à l'heure, sa cause peut être loyale, légitime, mais, en fait, elle reste immorale. Elle lâche la bride à tous les instincts violents. Le soldat ne peut accomplir sa tâche que grisé par la poudre et par le sang; lui-même est contraint de se faire, par obéissance, l'instrument d'actes odieux. Il n'est pas de guerre, si sacrée qu'elle soit, qui ne renferme des épisodes sauvages et monstrueux.

Il est banal de répéter que la guerre et la paix armée sont les obstacles de tout réel progrès. Or, l'élimination de la femme du suffrage universel, est nécessairement la prolongation de l'esprit belliqueux.

Aujourd'hui, la guerre est un anachronisme; l'essor de la civilisation, ses perfectionnements exigent l'expansion générale de la sociabilité. Par quelle aberration les peuples les plus avancés continuent-ils à se défier les uns des autres et à s'entretuer au besoin? Ce que nous possédons de la terre n'est relativement rien en comparaison de ce qui reste à exploiter. N'est-il pas logique, la science nous fournissant les moyens de communications rapides et la possibilité des échanges, que les peuples les plus avancés s'unissent et combinent leurs efforts pour entreprendre cette conquête des régions lointaines et inexplorées, et d'y accomplir la grande œuvre d'utilisation et de civilisation supérieure? Il y aura là assez de difficultés à applanir, d'obstacles à vaincre et de dangers à courir pour satisfaire les courages les plus intrépides et les âmes les mieux trempées.

Mais ce plan grandiose ne pourra se réaliser qu'avec le concours intégral des deux facteurs de l'humanité. Tant que l'expression du suffrage universel ne sera qu'un euphémisme déguisant la suppression de la moitié d'une nation dans le consentement public, les décisions des assemblées et des conseils n'auront qu'un sens incomplet. Et d'ailleurs, à quoi sert de lutter lorsque l'extension du suffrage universel jusqu'aux femmes s'impose. Car, indépendamment des raisons que je viens d'énumérer, il en est une autre encore plus forte et plus décisive : c'est que, quelque précaution que prenne l'omnipotence masculine, elle ne peut se dérober à l'influence féminine; une longue file de siècles nous en fournit le témoignage. Il y a entre les deux sexes des rapports d'une nature si intime, si fascinatrice, que les plus virils de caractère et de volonté ne peuvent s'y soustraire. De l'Orient à l'Occident et de l'Occident à l'Orient, les femmes ont toujours pesé d'un grand poids sur les événements publics, qu'elles aient l'air d'y être indifférentes ou intéressées. Le plus sage est donc de les mettre à même d'acquérir les connaissances indispensables en cette matière, connaissances qui, jointes à leurs dons naturels, les rendra capables d'apporter un complément, puisque complément il y a, sans lequel la somme des efforts nationaux serait imparfaite et inféconde.

GRAND MEETING INTERNATIONAL

SUR LA POLICE DES MŒURS

TENU SALLE LÉVIS, LE 10 AVRIL 1880

Président d'honneur : M. VICTOR SCHŒLCHER, *sénateur*

Président : M. le docteur THULIÉ, ancien président du Conseil municipal de Paris, réélu président du Conseil municipal, le 1er mai 1880.

Orateurs inscrits :

Mme Joséphine Butler, de Liverpool ;

Mme Venturi, née Ashurt ;

Mlle Maria Deraismes ;

M. Aimé Humbert, de Neuchâtel (Suisse), ancien président du Conseil des Etats Suisses, ancien ministre plénipotentiaire ;

M. Benjamin Scott, chamberlain de la cité de Londres ;

M. le docteur Chapman, directeur de la *Westminster Review* ;

M. James Stuart, professeur à l'Université de Cambridge.

M. Yves Guyot, membre du Conseil municipal de Paris.

M. Auguste Desmoulins, conseiller municipal.

Discours de Mlle Deraismes

Citoyens, Citoyennes,

La question qui fait l'objet de cette importante et de cette imposante réunion a été traitée, depuis plusieurs années, sous ses différents aspects; elle a été examinée, élaborée au point de vue du droit, de la morale, de l'hygiène, de l'économie et de la législation. Permettez qu'à mon tour, je vienne la considérer brièvement dans un cadre spécial; c'est-à-dire dans le domaine politique et en étudier avec vous les effets.

Cet ordre de phénomènes est digne de toute votre attention. Il ne s'agit pas, ici, seulement du préjudice dont la femme est victime, de l'indignité dont elle est frappée et qui jaillit sur le sexe féminin tout entier; mais des ravages que la prostitution opère dans la sphère des intérêts généraux et publics.

Quand nous lisons l'histoire, surtout l'histoire contemporaine, nous sommes étonnés, scandalisés même, que la marche des sociétés soit si lente, que le progrès soit si tardif; — qu'il y ait des arrêts, des reculs, et quelquefois même des éclipses. Quand aux révolutions succèdent, à de si courts intervalles, des réactions et des restaurations, nous en cherchons vainement la cause.

Qu'est-ce que le progrès, pour nous ? C'est l'extension de la liberté, autrement, l'extension de la vie; car c'est par la liberté que chaque individu peut effectuer son complet développement; c'est par la liberté que l'humanité parviendra à son éclosion intégrale et qu'elle pourra répandre sur le monde entier tout ce qu'elle contient de cœur, tout ce qu'elle contient d'intelligence, tout ce qu'elle contient de génie.

La liberté est donc la loi, la condition de notre être. L'idée que nous en avons nous vient d'un sentiment de notre propre valeur ; nous sentons que nous sommes raisonnables, c'est-à-dire capables de porter des jugements, de discerner le vrai du faux, le bien du mal, de prendre des déterminations de propos délibéré ; enfin, nous sentons que nous avons notre principe de direction en nous-mêmes, et que c'est porter atteinte à notre dignité que de nous l'enlever. Le jour où on ôte la liberté à quelqu'un, on le dépouille de son attribut essentiel et caractéristique, on le range au-dessous de l'humanité.

Toutes les convulsions politiques, tous les grands mouvements populaires n'ont eu pour objet que la défense, ou que la conquête de la liberté. Pourtant, bien que cette liberté nous soit si chère, nous sommes souvent témoins, — c'est ce qui nous navre et provoque en nous des défiances et des découragements, — de faits capables de nous rendre sceptiques sur le cas que nous en faisons, l'ayant.

Nous avons vu des peuples, épris d'un saint amour pour la liberté, combattre pour elle, la conquérir ; puis, une fois conquise, que se passe-t-il ? Le premier moment de surexcitation et d'enivrement passé, nous voyons les caractères s'affaisser, les volontés se détendre ; cette indépendance qui, tout à l'heure, était pour ces peuples le bien le plus précieux, devient tout à coup un fardeau, une sorte de charge qu'ils supportent avec peine ; alors, ils retournent, peu à peu, à leurs vieilles habitudes de subordination, à leur admiration plate. Et, un jour, on n'est pas peu étonné de les voir rappeler avec enthousiasme ceux qu'ils avaient expulsés naguère, ou bien encore reconstruire, sous d'autres noms et avec d'autres individus, l'ordre ancien qu'ils venaient de détruire et de renverser.

Enfin, ces peuples, en possession de la liberté, à un instant donné, on dirait vraiment qu'elle leur brûle les doigts, ils vont la remettre à un homme qui est un maître, à la condition que celui-ci voudra bien leur en concéder quelque chose.

Devant ces conséquences réitérées et multiples, des politiciens philosophes ont été en droit de dire : l'homme est indigne de la liberté, il est fait pour être gouverné.

Eh bien, non ! cela n'est pas exact : l'homme est fait pour se gouverner lui-même.

Nous allons donc chercher les causes de cette contradiction et nous les trouverons vite.

Depuis le commencement du monde, depuis des temps immémoriaux, l'humanité évolue sous l'influence de deux facteurs dont les caractères sont opposés : l'homme et la femme, c'est-à-dire la liberté et la servitude, l'élément noble et l'élément vil, celui qui agit et celui qui subit l'action.

Ces deux éléments se transmettent d'individu à individu, de génération à génération, par voie d'hérédité et par l'éducation. Quand ils se combinent, ils se neutralisent ; quelquefois l'un des deux prédomine, et alors, on voit d'un côté l'autocratie, et de l'autre l'aplatissement moral de l'être.

Et que l'on ne confonde pas ici ; il ne s'agit pas de deux principes antagonistes figurés par deux partis ou par deux classes, mais de deux principes contraires se rencontrant dans une même conscience, un même esprit, enfin dans cette unité qu'on appelle l'individu. Mais toutes les fois que la liberté est en contact avec la servitude, elle se dénature, elle se décompose, s'annihile, ou bien elle devient privilège, monopole.

Le groupe humain est le prototype de toute hiérarchie arbitraire : on y trouve un maître, une servante, celui qui commande, celui qui obéit. C'est là qu'il faut chercher le berceau, l'origine primitive de toutes les castes, de toutes les classes.

La femme ne s'est jamais appartenu, elle n'a jamais eu la libre disposition d'elle-même ; elle a été la propriété du père, la propriété du mari ; à défaut de ceux-ci, la propriété de la famille ; celle-ci manquant, elle devenait la propriété de l'État, de la tribu. Elle est même encore, aujourd'hui, dans une certaine mesure, un objet sur lequel s'exerce la puissance maritale. Et comme, lorsque le principe d'abaissement est admis, la dégradation n'a plus de limite, la femme en est arrivée à devenir, à l'occasion, la propriété publique ; ce qui est le dernier terme de l'opprobre.

La prostitution n'est qu'une forme de l'esclavage. L'esclavage fut une rigueur terrible, injuste à coup sûr, mais c'était une mesure générale appliquée à tous les peuples vaincus : les plus fiers despotes, le plus puissant hégémone n'en était point garanti. Le hasard des batailles pouvait très bien le réduire un jour à orner le char du vainqueur, et à lui servir de marche-pied. Eh bien, comme cet esclavage, en somme, menaçait tous les peuples, toutes les classes d'individus sans exception, cet esclavage a dû disparaître, et il a disparu, en effet. Mais la prostitution s'est maintenue parce qu'elle frappait une classe de personnes déjà spoliées par la loi qui ne lui accordait qu'un quart de droit; or, quand on a une part si minime de droit, on est bien près de n'en avoir plus du tout.

Les révolutions politiques et religieuses se sont succédé, la prostitution seule est restée debout. Il y a eu la déclaration des droits de l'homme, fait historique sans précédent; la prostitution, inflexible comme la nécessité, est demeurée inébranlable. Il est vrai de dire que l'homme n'avait pas compris la femme dans cette déclaration, ne la considérant pas comme son égal; sans prendre garde qu'il perpétuait le principe de servitude dans sa descendance, car la femme est mère, génitrice ; et, à ce titre, elle peut transmettre ses caractères à ses rejetons.

L'homme n'a donc pas pensé à cela, et cette prostitution, monument d'ignominie, nargue, par sa persistance, les protestations faites au nom de l'égalité et de la dignité humaine; et marque chaque siècle, chaque époque de son empreinte de fange et de boue.

On me dira : comment se fait-il que l'homme, si jaloux de son droit et l'ayant proclamé, ait consenti à la violation du droit? Hélas! il a fait plus que consentir à la violation, il l'a exploitée à son profit. Il a invoqué, à cet effet, une foule d'arguments justificatifs : l'exubérance dynamique, une pléthore de vigueurs qui l'autorise à professer des mœurs libres.

Pour la femme, c'est autre chose; n'ayant pas la même impétuosité de tempérament, elle n'aurait pas eu la même excuse; elle doit donc se tenir strictement dans les limites de la légalité.

De deux choses l'une, ou bien l'homme sera perpétuellement déçu dans ses aspirations les plus légitimes, ou bien la femme transgressera la loi qui la régit. C'est qu'alors la nature s'est trompée, elle est en contradiction avec elle-même, c'est elle qui a commis une énorme bévue; et voici le monde livré à un conflit sans fin : ou l'homme devient fou, ou la femme devient coupable; ou l'homme assassine la femme parce qu'elle lui résiste, ou il la méprise parce qu'elle lui cède. Voilà un dilemme terrible.

Notez bien que ce fait exceptionnel, cette situation fausse est réservée spécialement au genre humain, car rien n'existe de pareil dans les autres espèces où il y a, entre les individus de sexe différent, concordance d'attractions et d'appétits.

Eh bien! qu'a dit la femme de cette étrange situation? Hélas! la femme pliée à la subordination, dénuée d'initiative, la femme a accepté l'abjection de ses semblables comme un mal nécessaire dont son sexe devait faire à lui tout seul les frais. Elle a eu le jugement assez faussé — cette femme — je parle des femmes honnêtes qui croient connaître la morale. Après cela, c'est l'Eglise qui la leur a enseignée! Eh bien! cette femme vertueuse, dis-je, a le jugement tellement faussé qu'elle méprise profondément la prostituée, mais qu'elle estime celui qui s'en sert; elle a le sens moral tellement oblitéré, cette pauvre femme, qu'elle admet parfaitement que celui qui commerce avec la corruption peut n'être pas lui-même corrompu, que celui qui souille n'est pas souillé. Ah! ce serait là un vrai miracle! Elle ne s'insurge pas contre ce jugement aussi illogique que monstrueux qui condamne une délinquante à récidiver d'obligation son délit. Vous avez été infâme, je vous condamne à l'être toujours. C'est abominable et grotesque!

Ainsi, nous voyons d'une part, l'homme confirmant le droit et le violant à son profit; et de l'autre, la femme qui accepte cette violation du droit à son détriment. Je me demande quel est l'état des consciences, quel est l'état d'esprit général?

Appesantissez-vous un peu sur ce qu'il doit être. Certes, il n'est pas possible que cette situation morale contradictoire ne se reflète pas dans les divers départements de l'organisation sociale, dans l'application de la loi, dans l'esprit des juges, dans les agissements des administrations, dans les rapports politiques du dedans et du dehors; et il n'est pas difficile d'en avoir la preuve.

Voyez ce légiste : il vient d'affirmer le droit humain avec toute l'autorité de la compétence; voyez ce tribun : il a soulevé les applaudissements de tout un auditoire en parlant des bienfaits de la liberté ; voyez ce diplomate, cet homme politique : il a fait valoir le droit des gens, l'autonomie des peuples ; et, au sortir du tribunal, au sortir du conseil, au sortir de l'assemblée, ils se rendront secrètement dans des lieux de pestilence, où ils violeront sciemment le droit, la liberté, l'autonomie.

Et, quant à ce peuple, cette multitude, cette masse, qui se précipite vers les urnes électorales pour garantir son indépendance, pour affirmer son droit, elle voit froidement tous les jours son indépendance et sa dignité outragées dans les personnes de sa caste, de sa famille; car, il faut bien le dire, c'est le peuple qui fournit, en grande partie, le personnel des infâmes maisons.

Eh bien ! est-ce que vous vous imaginez, par hasard, que la liberté peut se fonder ainsi ? On parle des rechutes, et l'on s'indigne, on se scandalise parce que la liberté fait souvent naufrage ; mais c'est tout naturel, c'est absolument logique. La liberté ne peut que traverser comme un éclair certaines sociétés; elle ne peut pas séjourner dans les milieux viciés et malsains. Il faut les purifier si vous voulez fonder le régime de la liberté ; si vous voulez que ce sentiment s'inocule dans les consciences, dans les mœurs, il faut faire place nette; il faut expurger, nettoyer et balayer toutes ces scories du vieux régime pourri qui n'était que privilèges, monopoles, c'est-à-dire iniquités.

L'instant est particulièrement propice. Il y a là, ici, une femme, une Anglaise, frêle de santé, mais forte de cœur, Mme Butler. Elle a pris l'initiative, cette femme ; elle a entrepris une croisade contre l'infâme. Esprit posé, calme, elle a parfaitement prévu et compris toutes les difficultés, tous les obstacles ; mais cela ne l'a pas effrayée, ni arrêtée. Elle a groupé autour d'elle quelques personnes dévouées ; ce groupe est bientôt devenu une légion. D'Angleterre, elle est allée en Suisse, puis elle est venue en France ; et, là, l'union s'est bientôt faite. Elle a rencontré, par une heureuse coïncidence, un mouvement déjà commencé.

Ainsi, aujourd'hui, nous avons la consolation de voir l'Angleterre et la France, ces deux nations qui ont été autrefois divisées plutôt par leurs gouvernements respectifs que par l'esprit de leurs peuples, fraterniser solidairement sur le terrain du droit, de la justice et de la liberté.

DISCOURS

PRONONCÉ AU PECQ, LE 14 JUILLET 1882

PAR Mlle MARIA DERAISMES

A L'OCCASION DE L'INAUGURATION DU BUSTE
DE LA RÉPUBLIQUE DES COMMUNES
DE JACQUES FRANCE

CITOYENS, CITOYENNES,

Après les excellentes paroles que vient de prononcer M. le Maire, après le beau discours que vous a fait entendre M. Journault, votre député, je n'aurais rien à dire, rien à ajouter, si je ne tenais absolument à attirer votre attention sur un point capital, encore trop négligé dans notre situation actuelle.

Sans doute, vous avez eu raison, pour inaugurer ce buste de la République, de choisir le 14 juillet, car le 14 juillet, en sapant les bases de la féodalité, c'est-à-dire du privilège et de la tyrannie, a posé la première pierre de l'édifice républicain.

Aujourd'hui qu'il est élevé, nous pouvons en couronner le faîte. Cependant, il ne faut pas nous faire d'illusion. Cet édifice ressemble assez à ces constructions qui paraissent achevées au dehors et dans l'intérieur desquelles tout reste à faire.

Ainsi, en regardant cette République, représentée sous les traits d'une femme, et d'une femme qui pense, le souvenir des femmes illustres qui ont contribué, dans une si large mesure, à l'établissement de l'ordre nouveau, s'offre à mon esprit, et je constate ici de singulières inconséquences. En effet, toutes les fois qu'il s'agit de personnifier artistiquement un grand sentiment, une grande idée, on emprunte, de préférence à toute autre, la forme féminine, la considérant comme la plus propre à exprimer, avec le plus de pureté et d'élévation, le sublime, l'idéal. Eh bien! par une contradiction étrange, cette femme qui figure la *Justice*, n'obtient pas la justice ; cette femme qui figure la *Liberté*, ne jouit point de la liberté ; cette femme qui figure la *Loi*, a contre elle la loi.

En 89, la femme, asservie par les codes, comme elle l'est encore à présent, s'est associée spontanément, avec une sorte de passion, à l'élan libérateur qui entraînait les masses. Elle en a été la force impulsive ; elle a pénétré de son enthousiasme les hommes et les choses de cette époque glorieuse. Et Mirabeau, qui reconnaissait en elle une puissance motrice considérable, disait, en parlant de l'œuvre révolutionnaire et de son avenir : *Elle réussira si les femmes s'en mêlent.*

Du reste, la femme ne fait pas seulement son apparition dans la vie politique en 89 ; on peut dire qu'elle n'a pas quitté la scène.

Dans tous les mouvements intellectuels et sociaux qui marquent chaque étape de l'évolution humaine, elle se manifeste brillamment et héroïquement. Nous la rencontrons au moyen âge, quand il s'agit de défendre le sol : sur les remparts, elle repousse les assaillants avec une énergie incroyable.

Au xve siècle, une femme sauve la France. Jeanne d'Arc est l'incarnation la plus haute du patriotisme, car la patrie pour la femme, c'est le prolongement du foyer domestique, l'extension de la famille.

Survient la Réforme, qui est un progrès de l'esprit ; là, encore, la femme se distingue.

Mais, au xviiie siècle, le type s'élève et s'agrandit ; en traversant la philosophie, il parvient à atteindre le concept supérieur du droit humain, droit universel, conféré à tout être conscient, conséquemment responsable.

Mme Roland caractérise cette progression morale. Elle rayonne au milieu des siens par le triple éclat du talent, de la vertu, de l'héroïsme. Elle a eu toutes les grandeurs de son parti, elle n'en a pas eu les faiblesses.

Et cependant, les femmes sont encore en tutelle.

Et c'est pour cela qu'aujourd'hui, nous voulons reprendre la tradition révolutionnaire, continuer l'œuvre d'affranchissement. Le XVIIIe siècle s'est arrêté à l'homme, il en a fait le citoyen. Le XIXe ira jusqu'à la femme et la proclamera citoyenne.

A l'heure présente, l'intervention de la femme, en matière d'intérêts généraux, collectifs, est une nécessité du développement historique.

Deux questions se dressent devant nous, et elles sont insolubles sans le concours de la femme. C'est la question religieuse, dite cléricale, et la question politique.

Il est évident que, tant que la femme sera sous l'influence du catéchisme et du Syllabus, tant qu'elle sera sous le joug du prêtre, elle fera obstacle à l'organisation de la démocratie. On commence un peu tardivement à s'en apercevoir, et on s'efforce de donner enfin aux jeunes filles une éducation à bases rationnelles.

Mais, avant de recueillir les fruits, il se passera du temps, et les femmes de la génération actuelle continueront de transmettre, par la voie d'hérédité, leurs caractères moraux; elles lègueront à leurs rejetons quelque chose de leur état mental.

Or, la question politique est intimement liée à la question cléricale. N'est-ce pas la doctrine religieuse qui se charge de fournir aux sociétés, comme aux individus, un principe de direction, une règle de conduite. Telle croyance, tel système de gouvernement.

Donc, comment former des tempéraments républicains, comment donner aux jeunes générations des mœurs et des habitudes démocratiques? C'est la mère qui jette les premières semences dans l'intelligence de l'enfant; c'est elle qui d'abord inscrit des caractères sur ce vase neuf, caractères indélébiles et impérissables.

Est-ce donc aussi dans la famille, dont la constitution est monarchique, que vous inculquerez aux enfants les notions de la liberté, de l'autonomie, du droit de la personne humaine, quand, épouse, la mère est privée du droit de liberté et d'autonomie? Ne vous y trompez pas, la famille est la société principe, la cité élément; et tout ce qui se passe au foyer domestique se reproduit en grand dans la machine politique.

L'élimination de la femme dans les affaires publiques est due à une fausse conception de la politique. On s'est imaginé, longtemps, que la politique était une science spéciale qui ne devait être le partage que d'une minorité d'élite, ou bien plutôt d'une personnalité puissante, douée, par la Providence, de facultés dirigeantes, capable alors de saisir l'ensemble des rapports qui s'établissent entre les individus et les peuples et de les régler pour le plus grand avantage de ceux-ci.

C'est ainsi qu'une seule volonté s'est substituée à des millions de volontés.

Nous avons eu tout le loisir d'apprécier les bienfaits *du Pouvoir personnel*, quelque nom qu'il prenne. Nous savons ce que nous ont coûté les hommes providentiels, et nous sommes arrivés, Dieu merci! après de cruelles expériences, à avoir un sens plus net des conditions de la science gouvernementale.

La politique est la résultante de la mise en jeu des forces sociales : sentiments, passions, idées, intérêts, se combinent, s'organisent en vue d'atteindre un but commun, déterminé qui est le bonheur. Et c'est justement de la participation, de la coopération de tous à la gestion générale que se produit la pondération des égoïsmes, c'est-à-dire l'entente et l'harmonie finale. L'élimination d'un seul des facteurs susnommés dérange l'équilibre et amène le désordre. Or, la femme est un des grands facteurs de l'humanité. Tout ce qui se fait, tout ce qui s'accomplit, tout ce qui se passe dans le monde, est le produit de la fusion des deux germes, des deux éléments masculin et féminin. C'est de leur pénétration constante et réciproque, c'est de l'échange mutuel de leurs qualités que s'effectue la marche des sociétés vers le progrès.

Quand la femme aura pris la place que lui a assignée la nature, vous aurez de fortes chances pour assurer à l'édifice républicain la durée et l'indestructibilité.

Vive la République !

LA

FEMME DANS LA SOCIÉTÉ NOUVELLE

CONFÉRENCE FAITE A TROYES EN 1883

MESSIEURS, MESDAMES,

Il m'a été demandé de traiter de la femme. J'y ai consenti volontiers.

Il y a quelque part seize ans que j'en ai parlé pour la première fois. Cette thèse avait été, depuis 1848, abandonnée et était tombée en oubli. Je l'ai ressuscitée ; je l'ai remise en lumière ; je l'ai examinée, étudiée sous tous ses points de vue, sous tous ses aspects.

Survinrent alors nos calamités nationales ; elles m'entraînèrent vers la politique. J'avais déjà fait auparavant, il est vrai, des excursions fréquentes sur ce terrain, sans y séjourner, toutefois. Mais comme il s'agissait alors de fonder la République, j'ai dû travailler de compte à demi avec ceux qui voulaient l'établir, pensant qu'elle est le meilleur des gouvernements. Ce qui, encore, est absolument mon avis. Du reste, je ne cessai pas pour cela de servir la cause des femmes, d'une façon indirecte en apparence, mais certainement plus efficace, car le régime de la démocratie généralisant le principe du droit, peut seul faire disparaître les injustices et les inégalités.

Depuis, la question de la femme, à laquelle je reviens avec vous, a fait beaucoup de chemin : elle est à l'ordre du jour. La femme est l'objet des préoccupations présentes ; on s'inquiète de son état intellectuel, du degré de son savoir ; toutes choses sur lesquelles on était, jusqu'alors, absolument indifférent. Sans doute, on allait plus loin que le bonhomme Chrysale, mais on était bien près de trouver qu'elle en savait assez pour ce qu'elle avait à faire, et qu'un quart de culture suffisait amplement aux besoins de son esprit et de ses fonctions.

Cette opinion a changé, et chose concluante, c'est que des républicains très sincères, très convaincus, je dois le dire, ne se gênaient pas, il y a seulement encore trois ou quatre ans, pour railler ouvertement le mouvement d'émancipation féminine et les femmes qui en avaient pris l'initiative. Ils suivaient, en cela, les traditions de leurs ancêtres : Chaumette en 1789 et Proudhon en 1848. Aujourd'hui, les mêmes persifleurs sont disposés à faire cause commune avec nous.

Comment expliquer cette conversion quasi soudaine? Rien de plus facile, rien de plus simple.

L'intervention de la femme est actuellement une nécessité du développement historique.

Vous savez tous que la marche du progrès est en raison directe de l'extension du droit et de la liberté. Au fur et à mesure que les peuples s'avancent, que les institutions s'améliorent, un plus grand nombre d'individus sont appelés à la vie politique; et l'on voit toutes les classes être admises successivement, ce n'est pas sans secousses, à la participation des affaires publiques.

Pourquoi s'est-on arrêté en si belle voie? Pourquoi n'est-on pas arrivé jusqu'à la femme : elle est la moitié de l'humanité? on a l'air de l'ignorer. Craint-on de réparer trop tôt une iniquité? Le fait est qu'on a épuisé toutes les combinaisons avant de songer à celle-là!

C'est que cet état de choses semblait tellement conforme à la nature et à la vérité qu'on ne pensait devoir y rien changer; et ceux qui en faisaient la proposition soulevaient un *tolle* et des rires ironiques. On les qualifiait de fous et d'extravagants; quand c'était des femmes : d'excentriques.

Les uns invoquaient la tradition religieuse, la légende du péché originel commis par la première femme. Il fallait donc que celle-ci fût matée afin de comprimer ses mauvais et pernicieux instincts. Les autres mettaient en avant la faiblesse du sexe, son infirmité *imbecilitas sexus*, cas rédhibitoire ; enfin, une prétendue science osa déclarer, contre toute évidence, que la mère, dans l'œuvre de génération, ne fournissait pas un apport égal à celui du père ; que le père seul, l'homme, transmettait à ses rejetons les caractères supérieurs, autrement dit, l'appareil mental.

De bons et de grands esprits : les Linnée, les Buffon et tant d'autres depuis ont réduit à néant cette théorie aussi inepte qu'absurde ; et, avec des preuves, c'est-à-dire des faits en mains, ils ont proclamé l'universalité, l'influence des sexes dans l'acte de la procréation, établissant que la mère aussi bien que le père lègue à ses enfants ses facultés morales, ses qualités intellectuelles.

A son tour, la physiologie cérébrale est entrée en scène et elle a eu diverses interprétations.

La physiologie cérébrale est une science, de date quasi récente, à l'état rudimentaire ; c'est un effort honorable qui n'a pas encore donné ses fruits ; ses moyens d'investigations sont restreints. On peut bien par la vivisection opérer sur de pauvres animaux qui n'en sont pas plus contents pour cela, faire des expériences, mais elles ne donnent pas grands résultats à propos de l'humanité. De telle sorte que les conditions cérébrales du génie sont à peu près ignorées.

Il y a toute sorte d'hypothèses sur les qualités de la capacité cranienne, des circonvolutions, de la substance corticale, dite substance grise ; mais tout cela est singulièrement flottant, indécis. Tout ce que nous savons, c'est qu'il y a des gens qui ont beaucoup d'esprit et d'autres qui n'en n'ont pas ; et nous savons aussi que beaucoup de femmes sont dans les premiers et que beaucoup d'hommes sont dans les seconds.

Pour résumer, nous sommes autorisée à affirmer que, malgré les conditions défectueuses de servitude et d'ignorance dans lesquelles a croupi la femme, il lui a fallu une robusticité d'intelligence bien remarquable pour avoir donné, à travers les siècles, tant de preuves de supériorité. Du reste, cette soi-disant infériorité, dont on nous accable, n'a été jamais qu'un prétexte pour nous refuser nos droits.

Cette persistance à nous refuser ce qui nous appartient vient d'une très fausse notion du droit et de son origine. Jamais l'égalité devant la loi n'a été fondée sur l'égalité intellectuelle. Il n'y a pas de toise pour mesurer la capacité. A ce compte, le droit serait divisible comme un médicament homœopathique ; il y aurait divers dosages : demi-droit, quart de droit, huitième de droit, etc., etc. Aux élections, par exemple, la voix de M. Victor Hugo compterait pour cent mille, parce qu'il est le plus grand poète du siècle, et ainsi de suite. Où cela conduirait-il ?

Non ; les titres à l'obtention du droit sont tout entiers dans la qualité d'être humain. L'être humain se distingue de toutes les espèces parce qu'il est conscient, responsable et progressible. Il est progressible parce qu'il est sociable et peut communiquer ses idées, en recevoir, unir ses efforts à ceux de ses semblables, échanger des services, des dévouements ; qu'il lègue à ses descendants le fruit de ses travaux comme il a hérité de ceux de ses ancêtres. Il ne s'agit pas, ici, de faire l'*Iliade* et l'*Odyssée* ou les *Châtiments* et l'*Année terrible* ; il s'agit d'avoir la connaissance du bien et du mal et de faire son devoir.

La conscience des honnêtes gens équivaut à celle des gens de génie. A ce seul compte, la femme a droit au droit.

On a présenté comme objection que la majorité des femmes avait accepté cette situation subordonnée ; que, seule, une minorité tapageuse avait protesté. Je ne répondrai qu'un seul mot à cet argument : il en est de la femme comme de tous les asservis, elle a perdu, sauf exception, le sens de sa dignité ; pourtant elle a tenté de se rebeller.

D'ailleurs, plus que toute autre, elle a pu se faire illusion sur la tristesse de sa destinée. La royauté éphémère de la beauté et de la jeunesse a pu, un instant, lui paraître une compensation ; plus tard, elle a reconnu sa méprise.

Au temps où nous sommes, quand la République se maintient, si mal organisée qu'elle soit, les idées vont vite. Les dispositions de l'esprit sont changées. Des difficultés se présentent, il faut les aplanir.

Trois questions s'imposent, et elles ne peuvent être résolues sans le concours actif de la femme : la question religieuse, la question politique et la question morale.

Commençons par la question religieuse, elle est la plus urgente ; toutes les autres sont sous sa dépendance.

Nous nous apercevons, tous, que nous sommes à la fin d'une société, d'une forme de société, j'entends ; nous sommes sur le seuil d'une nouvelle ère ; il s'agit d'y entrer. Qui nous barre le chemin ? Une doctrine religieuse. Cette doctrine, qui nous empêche de faire un pas en avant, elle est, elle-même, à son déclin, en pleine décadence. Elle se trouve au-dessous du niveau intellectuel. Elle ne répond à aucun besoin, à aucune aspiration de notre époque. Sur tous les points, elle est dépassée et contredite ; tout se traite en dehors d'elle et malgré elle. Notre éclosion moderne, nos progrès sont dus à des principes absolument opposés aux siens. L'examen lui donne tort, l'expérience lui donne tort, la raison lui donne tort. Et cependant, elle reste debout et est encore prépondérante ! Ah ! sans doute, son existence est factice : elle tient à la force de l'habitude, au prestige d'une installation séculaire, et surtout à l'égoïsme de certaines classes qui en croient le maintien nécessaire à la garantie de leurs intérêts. Certainement, si nous étions dans un temps de libre conscience, où toutes les doctrines, où toutes les croyances pussent se produire, se manifester, sans qu'aucune d'elles ne fût ni favorisée, ni salariée par l'Etat, il n'y aurait qu'à laisser faire le bon sens, l'erreur s'userait bien vite. Mais il n'y a rien de cela. Cette doctrine a une organisation considérable qui s'appelle l'Église. Cette Eglise a été gratifiée de privilèges et de monopoles, et elle exerce encore sa suprématie dans les divers départements du système social, et particulièrement en pédagogie. C'est que, dès le principe, la foi l'avait considérée comme la dépositaire de la loi divine, comme la sainte inspiratrice des volontés de Dieu ; alors on l'avait instituée éducatrice et conductrice des peuples.

Elle a continué, en effet, à former les âmes de façon à atteindre le but qu'elle se proposait. Mais, malheureusement pour elle et heureusement pour nous, ce but n'est plus le nôtre, et nous voulons changer les bases de cette éducation pour la rendre, de cléricale, nationale.

Ah ! je n'ignore pas qu'on crie à l'impiété du siècle, à la perversité des hommes, à la corruption des mœurs. La corruption est de bien vieille date, et sous les beaux temps de la foi, l'Église, elle-même, n'a pas dédaigné d'en donner l'exemple. Ces lamentations naissent du chœur des cléricaux. Il faut pour élever ces plaintes, être d'une insigne mauvaise foi ou d'une ignorance avérée.

L'état d'esprit d'une époque n'est pas le fait de ceux qui en sont les contemporains, c'est la résultante du développement humain, de la marche de la pensée.

La pensée évolue à travers les âges, à travers les siècles ; elle s'éclaire, se modifie, se transforme progressivement, grâce aux connaissances incessamment acquises et aux découvertes de la science. Cette situation mentale, la génération actuelle ne peut s'y soustraire, elle la subit ; je dirai plus, elle en est l'expression savante.

De l'étude de la nature, des travaux gigantesques, dus à la méthode expérimentale, est ressortie une conception du monde, une conception de l'univers positive, scientifique, absolument contraire aux récits de la Bible et de la Genèse. Qu'y faire ?

Les docteurs, les théologiens ont bien cherché à accommoder la science et le dogme, la raison et la foi. Pascal est devenu fou à cette tentative-là. Plus tard, les Montalembert, les Lacordaire l'ont renouvelée. Tous en ont été pour leurs frais. Leur insuccès a démontré l'inanité de leurs efforts. Il faut qu'ils en prennent leur parti.

Que les Freppel et les sous-Freppel, que les Montsabré et les sous-Montsabré se coalisent et protestent, ils ne changeront rien.

La doctrine catholique est jugée, elle est condamnée à disparaître et à rejoindre ses devancières. Il n'est au pouvoir de personne d'enrayer le mouvement, et la sagesse commande de s'y associer; car on ne renie pas impunément le bon sens et l'évidence.

C'est pourquoi l'on travaille à substituer aux bases miraculeuses et surnaturelles de l'éducation catholique, les bases rationnelles et scientifiques de l'enseignement laïque. C'est parvenu à cette détermination qu'on a compris qu'il était indispensable que le nouveau programme fût identique pour les deux sexes, sans quoi ces soins resteraient superflus. Comme on a marchandé l'instruction à la femme, comme on l'a tenue, systématiquement, éloignée de toute science, elle est restée sous l'influence du catholicisme et de l'histoire sainte. La laisser dans cet état, c'est prolonger l'empire de l'Église et l'autorité du prêtre.

Aussi est-ce pour cela que les républicains, les libres-penseurs, qui ont mis du temps à s'en apercevoir, s'empressent-ils, aujourd'hui, d'organiser l'enseignement des filles. Dame ! les résultats d'une éducation nouvelle ne sont pas immédiats ! Dieu merci ! les femmes sont parfaitement disposées à abandonner toutes superstitions, surtout si on leur donne des droits en échange.

Nous aborderons maintenant la question politique. Sur cette matière l'intervention des femmes paraît dans les esprits d'une urgence moins évidente.

Beaucoup sont encore horripilés de penser qu'une femme pourrait devenir tout comme eux : ce rapprochement les confond, électrices, éligibles, ce qui est pire.

Pour accepter ce nouvel arrangement, ils n'ont pourtant qu'à peser les motifs, les raisons qui doivent nous y déterminer.

Nous sommes en train d'organiser la République, la démocratie, mais il ne suffit pas que les mots liberté, justice, égalité, soient sur les lèvres et dans les écrits, il est de toute nécessité qu'ils soient dans les cœurs. Nous ne devons jamais oublier que près de quinze siècles de royauté pèsent sur nous ; que notre éducation, nos habitudes, nos coutumes sont monarchiques; que républicains, théoriquement, notre vieille routine l'emporte dans la pratique. Nous sentons qu'il faut constituer un tempérament républicain, des mœurs républicaines.

Chaque citoyen en démocratie est un fragment de souverain. Il coopère directement ou indirectement à la gestion gouvernementale ; il doit être à la hauteur de son mandat; il doit être pénétré des devoirs de la vie publique, de la vie collective; il doit se mettre en peine des intérêts généraux dans lesquels les siens propres sont compris; il doit enfin reconnaître que la solidarité est non point un sentiment, mais une loi universelle dont il faut étudier le fonctionnement et les conséquences.

Pour avoir cette disposition d'esprit, il faut une prépation, cette préparation ne peut se faire que dans la première éducation, dès l'enfance. Ce n'est ni l'école ni le lycée qui peuvent s'en charger ; le lieu tout indiqué est la famille. C'est au foyer, dans la vie domestique que la formation du caractère, de la conscience est appelée à s'opérer. Là, l'enseignement revêt mille aspects; il se dépouille de cet appareil didactique toujours froid, toujours ennuyeux et antipathique aux enfants; il varie ses méthodes, fait vibrer toutes les cordes sous les modes pénétrants de la tendresse et de l'intimité ; la causerie remplace la leçon. A la mère, à la sœur est dévolu ce rôle d'initiatrice. Seulement, si on les a laissées étrangères à cet ordre d'idées, si on les en a éloignées systématiquement, elles y sont indifférentes et le plus souvent hostiles.

On me dira que l'homme se forme, au dehors, au contact de ses semblables par les divers frottements d'opinions et d'idées. D'accord, l'homme se forme à l'extérieur, à la surface; mais au dedans, à l'intérieur, non. Il est l'homme qui parle, qui fait des discours; mais il n'est pas l'homme qui agit.

La conviction seule détermine l'acte.

Ainsi quel bénéfice a-t-on tiré de l'exclusion de la femme en matière politique? Vous avez fait naître, ou tout au moins développé l'égoïsme familial, le népotisme qui ronge la société. L'égoïsme à plusieurs, l'égoïsme organisé est le pire de tous. Il a amené l'antagonisme entre les deux sentiments les mieux faits pour s'associer et se parfaire : famille et patrie sont entrées en rivalité.

On n'a cessé de prêcher à la femme que sa mission est d'être épouse, que sa plus haute fonction est d'être mère; qu'elle n'a qu'à élever ses enfants et soigner son ménage; et que tout ce qui se passe au delà ne la regarde pas et n'est pas à sa portée. Alors, elle a concentré toutes ses facultés, ses efforts, ses aspirations sur les siens, elle n'a eu pour objectif que l'agrandissement de sa famille et la fortune de sa maison.

Cependant, qu'on ne s'y trompe pas, si la femme s'est conformée à cette mise à l'index de la chose publique, c'est plus en apparence qu'en fait; partout, d'une façon plus ou moins latente, elle cherche à exercer son influence et à faire prévaloir sa volonté. Ce serait, d'ailleurs, une grande naïveté de s'imaginer qu'elle se croit incapable d'aborder les questions d'ordre compréhensif; elle se sent, au contraire, de certaines qualités spéciales dont l'application dans le domaine politique serait précieuse. Sans doute, faute d'études préparatoires et d'expérience acquise par l'usage, il lui arrive, parfois, de précipiter ses jugements et de se passionner pour ou contre plus qu'il ne convient.

Ce reproche qu'on peut lui faire ne doit-il pas être également adressé à la plupart des hommes? Et, du reste, la politique du présent comme celle du passé est si mal définie, si mal comprise, grâce à l'étrange oubli qu'on fait de l'histoire qui, seule, est en mesure de l'enseigner, fournissant en même temps les faits, les exemples et les leçons, qu'il est difficile que la femme, *a priori*, en ait la connaissance exacte.

Ce qui achève de la rendre sceptique, en cette matière, c'est la manière dont les hommes l'entendent et la pratiquent. Mais je suis persuadée que, quelque peu initiée à cette science qui traite de l'organisation des collectivités, elle en saisirait vite le grand sens et opèrerait avec tact et prudence, la jonction des intérêts de la famille et de ceux de la cité.

Faites donc de la femme une citoyenne; donnez lui une éducation civique, donnez lui le droit. Et en élargissant ses horizons, vous agrandirez ses idées et ses sentiments. Elle apportera à la vie publique ses belles qualités : sagacité, persévérance, abnégation.

Vos résistances n'y feront rien; il vous faudra en arriver là.

Mais passons à la question morale. C'est là qu'est la pierre d'achoppement. Il est toujours facile de faire des théories, il est plus difficile de les pratiquer.

La morale est la mise en action des principes ratifiés et adoptés par la conscience. La morale n'est pas une prescription arbitraire, mais une loi naturelle, une loi d'ordre, loi de développement, de progrès et de conservation pour les individus comme pour la société. Elle se divise en deux parties : l'une qui regarde soi-même, l'autre qui concerne autrui. Dans ce dernier cas, elle devient la science des rapports humains.

Seulement, pour avoir une application réelle, il est besoin que tous les êtres soient à la place que leur a assignée la nature. Le fait seul d'un déclassement de personnes, d'un droit violé, d'un intérêt méconnu rompt l'équilibre, fausse les relations et les rend anormales. Les uns ont trop de droits et pas assez de devoirs, les autres trop de devoirs et pas assez de droits.

L'asservissement, à n'importe quel degré, est un élément de corruption et de décadence pour les individus comme pour les peuples. Esclavage, servage, tutelle à perpétuité apportent la perturbation dans les caractères aussi bien du côté des spoliateurs que du côté des spoliés. Il y a chez les maîtres et les oppresseurs exploitation et impunité; chez les asservis, avilissement et ruse; car toutes les fois qu'un être n'est pas à la place qui lui revient, il emploie tous les moyens, sans exception, pour la reconquérir. J'en vois la preuve.

Donc, entre l'homme et la femme le même fait se produit. L'homme, au nom de la force musculaire, s'est arrogé toutes les maîtrises, tous les privilèges, entre autres celui de professer des mœurs libres sans être responsable des conséquences qui en découlent. C'est ainsi que la recherche de la paternité a été inadmise par le Code. Et ce qu'il y a de plus scandaleux, c'est que, dans certains délits, l'homme complice de la femme est en même temps son juge.

Ainsi la femme déshéritée, subalternisée, ne peut même pas se libérer par le travail, car l'homme a pris la meilleure part; son activité productive est mal rémunérée, sa situation reste précaire, elle est à la merci de l'homme. Elle ne peut pas invoquer la loi, puisque la loi est contre elle; pas davantage le droit, puisqu'elle en est dépouillée. Il lui reste alors à s'adresser à la passion, aux sens, pour établir son empire et régner sur l'homme. C'est là toute l'origine de la prostitution à tous les étages. Si vous ajoutez que dans notre société, où le raffinement est intense, où la séduction attractive sollicite à chaque pas, la vie se complique, les besoins factices se multiplient et rendent insuffisants les besoins naturels, vous ne serez pas étonné que la prostitution s'élargisse, s'agrandisse et envahisse aujourd'hui, plus que jamais, la littérature, le roman, le théâtre, voire même le journalisme.

Telles sont donc les trois questions, religieuse, politique, morale, qui ne peuvent être résolues que par l'affranchissement de la femme et la reconnaissance de ses droits.

La femme a été jusqu'ici une force déviée, une puissance détournée de son but.

Son mandat, sa mission a une haute portée. Cette mission revêt un quadruple caractère : éducatif, moralisateur, économique et pacifique.

Éducatif, car non seulement elle transmet ses facultés cérébrales à son rejeton, mais encore elle est l'institutrice innée; c'est d'elle qu'on reçoit les premières leçons, c'est d'elle que les notions des vérités fondamentales doivent être tenues. Il est donc nécessaire qu'elle soit suffisamment éclairée pour n'inculquer ni erreur, ni superstition. Elle est moralisatrice parce que c'est elle qui donne les premiers exemples; elle est volontiers proposée pour modèle à ses enfants. Ceux-ci en sont les premiers imitateurs. D'ailleurs, elle est non seulement l'agent moral dans la vie privée, mais encore dans la vie publique. Douée de plus de réserve que l'homme, elle est plus en possession d'elle-même que lui. Les sens ont moins de prise sur elle; elle est venue pour régulariser la passion, pour la subordonner au devoir. Je sais qu'on me citera maints faits qui sembleront démentir cette assertion. Je rappellerai alors ce que j'ai dit précédemment, sauf de rares exceptions dues à une altération du type, amenée par un milieu insalubre, par une éducation erronée et par une inique répartition des responsabilités, des droits et des devoirs humains, la majorité des femmes est disposée à suivre la norme.

Aux fonctions éducatrices et moralisatrices viennent se joindre les fonctions économiques. La femme a l'intuition de l'économie. Elle connaît les besoins des siens, elle est la distributrice des ressources de la famille ; il lui faut tout prévoir et pourvoir ; elle apprécie donc les bienfaits de l'épargne. Car s'il est bon de suffire à aujourd'hui, il est indispensable de garantir demain.

La femme est pacificatrice et a, par excellence, l'amour de la paix.

C'est qu'elle connaît le prix de la vie, elle qui la transmet au risque de perdre la sienne. *Génératrice* et *nourrice*, elle sait combien il faut de peines, de veilles, d'alarmes, de dévouement, pour amener à complète éclosion cet être incohatif, embryonnaire qu'on appelle l'enfant. Elle sait aussi que lorsque le canon et la mitraille ont fauché une jeune génération et l'ont couchée sur les champs de bataille, il faudra vingt ans pour la remplacer par une autre. « Avec ce beau sentimentalisme, disent certaines gens, on dévirilise un peuple ; et pour la conservation d'individus, on perd une nation.

« L'introduction de la femme dans les assemblées efféminera la nature des délibérations. »

Ce mot d'efféminœation, terme de mépris, est absolument immérité. Dans tous les temps, dans tous les siècles, la femme a donné des preuves éclatantes de courage et d'héroïsme. Dans l'antiquité, au moyen âge, pendant la Réforme, la Révolution de 1789, de 1848 et le siège de 1870, elle a été à la hauteur des hommes. Je dirai plus, elle les a dépassés, car la loi ni la discipline ne lui imposaient de semblables devoirs.

Aujourd'hui, et c'est le signe d'un haut degré de développement moral, l'idéal de la grandeur n'est plus placé dans la gloire militaire. Ce n'est point une dégénérescence, non ; mais c'est une preuve de l'extension de la raison et de la connaissance de la destinée humaine.

« Si vous supprimez la guerre, objecte-t-on, vous supprimez l'héroïsme. » Comment cela ? L'héroïsme ou le sacrifice de la vie à une grande cause existe ; de plus, il a une application bien supérieure ; il s'agit alors de combattre les fléaux de la nature, de pénétrer les secrets de l'univers. Et, certes, les héros et les martyrs de la science et de l'industrie ne manquent pas et ne manqueront jamais. Et c'est justement dans cette voie que le dévouement se dirige. Les leçons de l'histoire, les conséquences que nous en tirons nous démontrent l'inanité des guerres et des conquêtes. Que nous ont rapporté ces batailles, ces scènes de carnage, sinon de prolonger et d'entretenir les sentiments sauvages et barbares ? Que sont devenus les grands empires, à partir de celui des Perses, en passant par l'empire de Charlemagne, de Napoléon Ier, en attendant la fin de celui dû à M. de Bismarck ? Ces agglomérations gigantesques et disparates de peuples, de nations, de races, violemment réunies sous un même joug, sous une même volonté, n'ont eu qu'une existence passagère ; elles se sont désagrégées bien plus vite qu'elles n'ont été rassemblées.

Les grands guerriers n'ont rien fait pour la civilisation ; dans une seule campagne, ils ont réduit à néant les travaux de plusieurs siècles. Les facteurs de la civilisation sont les penseurs, les philosophes, les savants, les légistes, les littérateurs, les poètes, les artistes. Ceux-ci élèvent l'esprit, agrandissent le cœur et travaillent à nous faire connaître la loi qui régit l'humanité.

Les conquêtes ne sont que des déplacements de forces et de fortunes. Tantôt le Nord l'emporte sur le Midi et le Midi sur le Nord, l'Ouest sur l'Est, et réciproquement. Dans tous ces fameux exploits, il y a destruction. Or, la destruction est un mal et non un bien. La vraie grandeur, la vraie gloire consiste à apporter quelque chose à ce qui était déjà; à ajouter au cumulus des connaissances humaines, une vérité, une découverte, un chef-d'œuvre, un acte de vertu de plus.

Nous pouvons donc affirmer hardiment que cet affaiblissement du prestige militaire est le signe de l'avènement de la femme.

Il n'est que temps, en effet, de lui restituer ce qui lui

appartient; c'est un acte de justice, de plus, un acte d'intérêt social.

L'infériorité de la femme, suivant la législation, est factice et artificielle. On l'a obtenue par des procédés déloyaux; on a usé de moyens restrictifs, prohibitifs bien capables d'atrophier son cerveau, sans y être parvenu cependant. Il en est résulté une souffrance générale. Une des conditions essentielles au progrès manquant absolument, la vie privée et la vie publique ont été partagées en deux courants contraires ; de là, la lutte au lieu de l'harmonie.

L'harmonie, direz-vous, est une utopie et non une réalité sociale. Rien de plus positif, au contraire, et les sociétés la recherchent, mais n'en connaissent pas les conditions.

Les sociétés ont été organisées et agencées sur des plans conçus *a priori*, c'est-à-dire en dehors de toutes données expérimentales : des légendes fabuleuses, des rêveries d'imagination ont servi à l'édification de la mécanique sociale. On a établi une hiérarchie arbitraire des castes, des classes; on a distribué les fonctions, les rôles, sans s'informer de la nature des sujets qui devaient les remplir; on a prétendu y soumettre l'humanité. Qu'on ne s'étonne donc pas qu'il se soit produit des craquements, des explosions et des révolutions : la nature l'emporte toujours sur la convention.

Eh bien, maintenant, que nous nous vantons d'être dans une époque scientifique, que nous avons créé une philosophie de l'histoire sur des bases positives, commençons par remettre tout à sa place. La femme étant un des deux grands facteurs de l'humanité et de la civilisation, tout ne s'étant fait en bien comme en mal que par l'action mixte des deux sexes, reconnaissons que nulle loi, nulle institution qui ne portera pas l'empreinte de la dualité humaine ne sera ni viable, ni durable.

LOGE SYMBOLIQUE ÉCOSSAISE

MIXTE

LES LIBRES PENSEURS DU PECQ

(SEINE-ET-OISE)

Discours prononcé au Banquet, après la Ten.·. maçon.·. du 14 janvier 1882.

Etaient présent les F.·. LAISANT, DE HÉRÉDIA, DELATTRE, BEAUQUIER, TONY-RÉVILLON, député, Paul VIGUIER, CERNESSON, Georges MARTIN, Auguste DESMOULIN, REY, Conseillers Municipaux, Germain CORNILHE, Eugène BRETON, MORIN, FROMENTIN, Victor POUPIN, etc., etc.

MESSIEURS, MESDAMES,
MES FRÈRES, MES SŒURS,

Je porte un toast à la loge des libres penseurs du Pecq, qui m'a fait l'honneur, aujourd'hui, de me recevoir au nombre de ses membres.

Je tiens à lui témoigner toute ma gratitude pour l'accueil flatteur qu'elle a bien voulu me faire. Mais je sens que les éloges qu'elle m'adresse ressortent plus d'une exquise courtoisie que de la vérité, car je n'en mérite pas la moitié. C'est pourquoi, si je vous félicite, mes chers frères, de la détermination que vous venez de prendre, je vous prie de ne pas voir là un signe d'infatuation de ma part. S'il ne s'agissait que de la réception de mon infime personne dans la Franc-Maçonnerie; s'il ne s'agissait que du faible apport que je puis vous offrir, le fait lui-même serait mince et de peu de portée; mais il a une bien autre importance. La porte que vous m'avez ouverte ne se refermera pas sur moi, et toute une légion me suivra. Vous avez fait preuve, mes frères, de sagesse et d'énergie. Par vous, un préjugé a été vaincu.

Sans doute, vous êtes une minorité, mais une minorité glorieuse, à laquelle bientôt sera forcée de se rallier la majorité des loges récalcitrantes ; la présence, ici, de frères éminents qui en font partie m'en est un sûr garant.

Ce qu'il y a de particulièrement curieux, c'est que cette admission d'une femme, considérée à notre époque comme un événement, n'est qu'une réminiscence du passé. Au XVIIIe siècle, les femmes étaient admises en Franc-Maçonnerie. Une duchesse de Bouillon fut même *Grande-maîtresse*. On serait autorisé à croire que nous avons reculé. Aussi est-il bon de faire remarquer que cela se passait au beau temps du privilège. Or, sous ce régime, tout peut se produire, voire même le droit qui ne relève alors d'aucun principe d'égalité, mais simplement de la faveur et du bon plaisir; tandis qu'au temps où nous sommes, toute manifestation de droit ressort du droit reconnu, proclamé par la Révolution française comme base d'une société libre.

C'est ainsi que l'obtention des grades universitaires par les femmes, leur accessibilité aux carrières qui leur avaient été jusque-là interdites est une adhésion publique à l'équivalence des deux sexes. Ce n'est plus une exception qu'on tolère, c'est la règle même qu'on attaque, c'est enfin le Code qui est visé; c'est le signe de notre libération prochaine. Aussi est-ce pour cela que ce qui a pu passer inaperçu sous le règne de l'arbitraire, soulève des protestations à l'heure actuelle de la part des hommes jaloux de conserver leur privilège. Il faut bien reconnaître qu'en France, la suprématie masculine est la dernière aristocratie. Elle se débat vainement, son tour de disparaître est proche.

S'il faut m'expliquer en toute franchise, je vous dirai que je comprends moins que jamais les résistances obstinées de la Franc-Maçonnerie à l'admission des femmes. Le maintien irrationnel de l'exclusion du principe féminin ne se fonde sur aucune raison valable.

. .

A quel titre la Franc-Maçonnerie nous a-t-elle éliminées? Détient-elle le monopole des vérités supérieures accessibles seulement aux intelligences d'élite? Non. Traite-t-elle des questions abstraites, transcendantes, exigeant, au préalable, des études préparatoires? Non. On y est reçu sans brevet. Recèle-t-elle des secrets, des arcanes, des mystères qui ne doivent être divulgués qu'à un petit nombre d'élus? Non, car le temps est passé des mystères, des secrets, des arcanes.

La science s'enseigne en plein jour, et elle ne fait de réserve pour personne. Les femmes mêmes, tout comme les hommes, sont appelées à prendre leur part des connaissances humaines. Elles se présentent aux mêmes concours, passent les mêmes examens et obtiennent les mêmes brevets. D'aucuns prétendent que l'introduction des femmes en maçonnerie ferait perdre à l'Ordre son caractère de gravité. L'objection n'est qu'une plaisanterie.

Mais l'École de Médecine nous ouvre ses portes: étudiants, étudiantes, reçoivent les mêmes leçons des mêmes professeurs ; les deux sexes se livrent aux mêmes travaux et aspirent au même bonnet de docteur qui leur est également conféré suivant le degré de mérite et de savoir. Et cependant l'École de Médecine ne croit rien perdre de sa dignité ni de sa gravité en agissant ainsi. D'où viennent donc alors les scrupules des Loges? Quelles prérogatives défendent-elles avec un soin si jaloux, si ce n'est celles de l'habitude?

Vous avez donc frappé un grand coup, mes Frères, en rompant avec les vieilles traditions consacrées par l'ignorance. Vous avez eu le courage d'affronter les rigueurs de l'orthodoxie maçonnique. Vous en recueillerez les fruits. Vous êtes, aujourd'hui, considérés comme des hérétiques, parce que vous êtes des réformateurs. Mais, comme partout, la nécessité des réformes s'impose, vous ne tarderez pas à triompher.

Un grand mouvement d'opinion se fait en faveur de

l'affranchissement des femmes. Nous sommes au début, aussi rencontrons-nous des difficultés, tant les préjugés séculaires sont encore fortement enracinés dans les esprits; ceux qui s'en croient le plus dégagés subissent, à leur insu, le joug de la légende. Depuis le commencement du monde, la femme est un être déclassé ; c'est, permettez-moi le mot, une valeur méconnue. La religion l'a déclarée coupable. Une fausse science a affirmé qu'elle est incapable. Entre ces deux extrêmes, un terme moyen s'est établi et on a dit : « La femme est un être de sentiment; l'homme est un être de raison !... » On a cru faire une trouvaille, croyez-le bien.

En raison de ce jugement, on a conclu que la femme, être sensible, affectif, impressionnable, est inhabile à la direction des affaires et d'elle-même. Il appartient donc à l'homme de faire la loi, à la femme de s'y soumettre.

Certes, il n'est pas difficile de prouver que cette classification est absolument arbitraire, conséquemment factice. Il n'est pas donné à l'homme de distribuer les rôles, puisqu'il n'a pas distribué les facultés. Il s'égare étrangement en tranchant du Créateur. Tout comme le reste des êtres, il est le produit d'une force primordiale consciente ou inconsciente. Ce n'est pas le lieu, ici, de discuter.

La nature a fait les races, les espèces, les sexes ; elle a fixé leurs destinées. C'est donc elle qu'il faut observer, qu'il faut consulter, qu'il faut suivre. Quand elle gratifie les individus d'aptitudes, c'est pour qu'ils les développent. A la capacité appartient la fonction. La femme a un cerveau, il doit être cultivé ; personne au monde n'a le droit de circonscrire l'exercice de ses facultés. Il y a des femmes qui ont beaucoup d'esprit ; il y a même des hommes qui n'en ont pas, et ce dernier fait n'est pas rare. Il reste à chacun de poursuivre sa voie.

Il est à remarquer que ce n'est que dans l'espèce humaine que cette prétendue inégalité intellectuelle des sexes se produit. Dans tout le règne animal, voire même sur les degrés les plus élevés, mâles et femelles sont également estimés. Prenez les races chevalines, canines, félines, et vous en aurez la preuve.

Cette dépréciation du type féminin en humanité détonne sur l'ordre général. Elle n'est assurément qu'une invention masculine que l'homme paie cher sans s'en douter. Il subit, par les transmissions héréditaires, les tristes effets de l'abaissement féminin, puisque dans l'œuvre de la procréation, il y a universalité d'influence des sexes, et que la mère lègue aussi bien que le père ses caractères moraux à ses rejetons.

L'infériorité de la femme une fois décrétée, l'homme s'est emparé de tous les pouvoirs. Il s'est essayé seul en législation, en politique. Il a fait les lois, les institutions, les constitutions, les règlements administratifs ; il a rédigé les programmes pédagogiques, s'appliquant à élaguer la femme des assemblées délibérantes et des conseils. Enfin, dans la vie privée comme dans la vie publique, il s'est imposé maître et chef. Les choses n'en ont pas toujours mieux marché pour cela. On a inféré de là que ce serait encore bien pire si les femmes s'en mêlaient.

Ceci reste à démontrer.

En réalité, la femme est une force. Moitié de l'humanité, si elle se confond avec l'autre par des caractères généraux et communs, elle s'en distingue par des aptitudes spéciales d'une puissance irrésistible qui forment un apport particulier, essentiel et indispensable à l'évolution intégrale de l'humanité.

On argue que la place de la femme est dans la famille, que la maternité est sa suprême fonction, qu'au foyer, elle est reine. C'est un mensonge flagrant. La femme dans la famille est aussi bien asservie qu'ailleurs ; elle est dominée par la puissance maritale et la puissance paternelle. Et pour ses enfants, toute initiative lui est interdite.

L'ensemble de la législation lui est donc défavorable ;

elle la prive de son autonomie, en lui refusant l'égalité civile et politique.

Quelles peuvent être les conséquences de cette législation ?

Toute loi qui *a priori* gêne l'essor des individus, en les frappant arbitrairement d'incapacité, est non seulement anormale parce qu'elle contrarie le plan de la nature, mais, de plus, elle est immorale parce qu'elle provoque, chez ceux qu'elle spolie, le désir de sortir de la légalité pour chercher ailleurs les avantages que celle-ci leur refuse.

Il y a, en effet, au delà de la légalité, un vaste domaine où les irrégularités, les incorrections de la conscience et de la conduite peuvent se produire sans relever d'aucun tribunal.

Or, nous l'avons dit et nous le répétons : la femme est une force. Toute force naturelle ne se réduit ni ne se détruit; on peut la détourner, la pervertir; mais comprimée sur un point, elle se reporte vers l'autre avec plus d'intensité et de violence.

Que deviennent donc alors ces forces sans emploi, ces facultés expansives, cette activité cérébrable ? Faute d'issues, elles s'exaspèrent, se décomposent; c'est un trop plein qui déborde.

Deux voies s'offrent à elles : ce sont deux extrêmes, deux pôles : le fanatisme ou la licence. Autrement dit, l'Église ou la prostitution. Je prends ce dernier mot dans son sens le plus large, et le plus compréhensif. Je ne désigne pas seulement cette fraction qui tombe sous les règlements de police, mais cette légion innombrable qui, méthodiquement et d'une façon occulte et latente, trafique d'elle-même à tous les étages de la société, et surtout au plus haut, et d'où elle exerce ses ravages dans tous les départements du système social.

Mysticisme et débauche se touchent par plus d'un point.

Des deux côtés, rejet de la raison, excès, effervescence

malsaine d'une imagination déséquilibrée. La dévotion enténèbre l'esprit, la débauche le déprave; l'une l'abêtit, l'autre l'abrutit. Elles peuvent se donner la main.

Je sais qu'entre ces deux manifestations d'un désordre mental, on fait valoir l'action salutaire et bienfaisante de la femme vertueuse.

Mais nous l'avons dit déjà : dans la vie domestique, la vertu de la femme porte l'empreinte de la subordination. Soumise au code des forts et des superbes, on lui impose plus de devoirs, et on lui donne moins de droits. Dans ces conditions d'infériorité, la femme ne peut avoir une conception bien nette; et la preuve, c'est qu'elle admet une morale pour ses filles et une morale pour ses garçons. Quand elle proteste au nom de la raison, on décline sa compétence; quand elle invoque le sentiment, on lui oppose la passion. En somme, elle ne modifie en rien l'état général des mœurs; elle en est le plus souvent dupe et victime; et il lui est donné plus d'une fois d'assister à la ruine et à la perte des siens, par conséquent d'elle-même.

C'est donc sous ces deux formes, religieuse et licencieuse, que la puissance féminine se manifeste à travers les âges. Feuilletez l'histoire, arrêtez vous à chaque règne, à chaque époque, vous rencontrerez fatalement deux types prépondérants dont les expressions les plus fameuses sont Mme de Maintenon et Mme de Pompadour. Il arrive même, en plus d'une occasion, que ces deux caractères se confondent. Notre société est donc travaillée en deux sens dont aucun n'est le droit.

La classification anormale de la femme dans le monde l'a rendue puissante pour le mal et impuissante pour le bien. Ce qu'on lui a fait perdre en raison, la passion l'a gagné. Partout où la raison abdique, la passion règne, c'est-à-dire le désordre.

Nous pouvons affirmer hautement que la femme a été détournée de sa mission par la convention sociale. La nature l'a faite pour être l'agent moral, éducateur, économique et pacifique.

Malheureusement, la femme, dans sa situation inférieure, n'a jamais pu être l'organe, l'avocat, le défenseur de ses propres idées, lesquelles n'ont pu être représentées que d'une façon indirecte et inexacte.

Il y a pourtant là des éléments indispensables au développement de l'humanité et à son progrès. Pourquoi les travaux sociaux ont-ils été et sont-ils encore nuls comme résultats? C'est parce qu'ils sont incomplets; ils n'ont porté en aucun temps, le sceau de la dualité humaine.

Ah! si la Franc-Maçonnerie avait été bien pénétrée de l'esprit de son rôle; si elle eût pris l'initiative, il y a seulement quarante ans, elle eût accompli la plus grande révolution des temps modernes, elle eût évité bien des désastres.

Il est facile de le démontrer. La Franc-Maçonnerie est une association revêtue d'un caractère universel et séculaire, ses origines se perdent dans la nuit des temps; elle n'a pas d'équivalent dans le monde, sinon la Société catholique. La Franc-Maçonnerie, ennemie des superstitions, de l'erreur, est l'adversaire naturelle de l'Église. Cependant, par une étrange contradiction, la Franc-Maçonnerie, au sujet des femmes, suit les errements du catholicisme, ce qui stérilise en grande partie ses efforts et ses actes. C'est là l'objet d'une grande méprise.

Comment la Franc-Maçonnerie, antagoniste du clergé, haïe par lui, n'a-t-elle pas compris que l'introduction de la femme dans son ordre était le moyen le plus sûr de le réduire et de le vaincre. Elle avait à sa disposition l'instrument de la victoire, elle l'a laissé inerte dans ses mains.

L'admission de l'élément féminin était pour la Franc-Maçonnerie un principe de rajeunissement et de longévité. La famille maçonnique se serait assimilé la famille privée, elle aurait élargi ses vues, agrandi ses horizons; elle aurait répandu la lumière, expulsé le fanatisme; car la femme est cléricale bien plus par désœuvrement, découragement, que par tempérament.

La femme franc-maçonne transmettait aux siens les impressions reçues dans les Loges; elle inoculait à ses enfants le sentiment de la vie collective, car la famille est le groupe initial, la société principe, la cité élément. C'est dans la famille que l'individu reconnaît son impuissance à se suffire à lui-même. C'est là qu'il apprend à s'oublier un peu pour penser aux autres et s'y attacher. Mais il ne faut pas que ses sentiments de fraternité s'arrêtent au seuil du foyer. Il faut lui faire comprendre que les intérêts de la famille sont liés aux intérêts de la commune; que les intérêts de la commune sont liés aux intérêts de la cité; que ces derniers se confondent avec ceux de la Patrie, et que tout l'ensemble est contenu dans cette vaste synthèse qui s'appelle l'humanité.

L'exclusion de la femme a produit les effets contraires. Eloignée des questions des intérêts généraux, étrangère aux affaires publiques, elle a concentré ses énergies, son intelligence, ses dévouements sur les siens. Leur enrichissement, leur prospérité, leur grandeur est devenu son objectif. De telle sorte qu'il y a antagonisme entre la famille et la société : la première veut tout tirer de celle-ci et lui donner le moins possible.

Nous sommes dévorés, à l'heure présente, par un népotisme effréné. Nous aurions mille exemples à donner.

Vous choisissez, pour mettre à la tête des affaires publiques, un homme que vous pensez capable; dès qu'il est nommé à ces hautes fonctions, il profite de sa situation prépondérante pour nommer aux premiers emplois quelques-uns des siens. Ceux-ci sont souvent médiocres, les capacités étant rares. Il s'ensuit que, pour un homme habile, vous vous êtes mis sur les bras quatre ou cinq nullités. Il reste alors à savoir si les services que pourra rendre l'homme capable compenseront suffisamment les sottises que commettront, inévitablement, les quatre ou cinq imbéciles susdits.

Pour combattre cette tendance funeste, pour faire une concurrence efficace à l'égoïsme familial, la transformation de la famille s'impose, et n'aura lieu qu'en demandant à la femme son concours, en faisant d'elle, à titre égal, une collaboratrice assidue.

Non seulement vous aurez fait alors l'acquisition d'un moteur dont la mise en jeu, jusqu'ici, n'a pu s'effectuer dans des conditions conformes à la nature, et dont l'impulsion a été détournée fatalement de son véritable sens, mais encore vous saisirez du même coup la jeune génération à son début, l'enfant, en un mot, qui reçoit de la mère, avec les premiers aliments du corps, les premiers aliments de l'esprit. Par la mère, vous vous emparerez de l'éducation, vous la rendrez nationale, vraiment collective, humanitaire. Ce que n'ont jamais tenté de faire aucun collège, aucun lycée, enfin aucune institution, soit religieuse, soit laïque.

La Franc-Maçonnerie deviendra une école où se formeront les consciences, les caractères, les volontés ; école où l'on se persuadera que la solidarité n'est pas un vain mot, une théorie fantaisiste, mais une réalité ; c'est-à-dire une loi naturelle, irréfutable, suivant laquelle tout individu a autant d'intérêt à accomplir ses devoirs qu'à exercer ses droits.

Vous préparerez ainsi les matériaux d'une véritable démocratie.

Permettez-moi d'ajouter un mot pour finir.

Il est supposable que l'orthodoxie franc-maçonne nous interdira quelque temps encore l'entrée de ses temples, et qu'elle continuera à nous considérer comme profane. Cela ne saurait nous émouvoir. Vous travaillerez activement à la faire revenir de son erreur. En somme, ce qu'on dit chez elle, on le dit chez vous : « Nous sommes bien ici, nous y resterons. »

NOTES ADDITIONNELLES

(Notes sur le progrès du mouvement féministe, à ajouter à la préface.)

La loi du divorce, bien qu'elle ne satisfasse pas à tous nos *desiderata*, n'en est pas moins, telle qu'elle est formulée, un avantage acquis au bénéfice de la femme. L'adultère du mari y étant reconnu, pour elle c'est un motif suffisant de réclamer le divorce à son profit. L'égalité des deux sexes se trouve ainsi établi dans le mariage, sur un point essentiel.

Le retentissement universel qu'a eu, en 1889, le Congrès français et international du Droit des Femmes, est la démonstration la plus éclatante de l'extension toujours croissante qu'a prise, depuis quelques années, l'idée de l'égalité des deux sexes. Toutes les résolutions les plus importantes, en ce sens, ont été votées à l'unanimité par cette assemblée.

Mais il faut bien le reconnaître, c'est à l'étranger que le mouvement féministe a abouti aux plus sérieux résultats. L'Amérique, l'Angleterre, même le Danemarck se sont occupés de la question et l'ont fait avancer. En Amérique, l'Etat du Wyoming a conféré le droit politique aux femmes, et il ne s'en trouve que mieux. Les autres Etats les font électeurs dans les municipalités, et en matière d'instruction publique. L'Angleterre a suivi le même exemple, et à chaque session parlementaire, le bill en faveur du vote politique des femmes revient en discussion et gagne des voix. Dans un avenir très prochain, Anglais et Anglaises seront donc complètement égaux devant la loi.

La France reste seule en arrière, et ce n'est pas à son avantage.

(Notes sur ma réception à la L.·. des Libres-Penseurs du Pecq.)

Ma réception dans la Franc.·. Maç.·. a donné lieu à un incident. La L.·. les Libres-Penseurs du Pecq relève de la grande Loge symbolique — rite écossais — laquelle, dans sa constitution, a proclamé l'autonomie des LL.·. de son obédience; donc, la L.·. des Libres-Penseurs du Pecq, en prenant l'initiative de recevoir une femme, n'outrepassait pas son droit. Cependant, par une de ces contradictions fréquentes en humanité, la G.·. L.·. S.·. se scandalisa de cet acte d'indépendance, et mit ladite L.·. en sommeil.

Mais, depuis, le F.·. Georges Martin, ancien président du Conseil municipal, ancien sénateur, a groupé un nombre considérable de FF.·. prépondérants dans l'Ordre Maç.·.; tous, comprenant la nécessité de combattre le cléricalisme, implacable ennemi du progrès, en s'appropriant une de ses plus grandes forces : la femme, dont l'élimination dans les LL.·. paralyse la marche de la Franc-Maçonnerie.

La question est mise à l'étude, les adhésions atteignent un haut chiffre, et nous avons tout lieu de croire que, prochainement, les temples s'ouvriront pour recevoir cette moitié de l'humanité, sans le concours de laquelle l'autre ne peut rien de durable.

PROPOSITION DE LOI

*Ayant pour but de conférer l'*ÉLECTORAT AUX FEMMES POUR L'ÉLECTION AUX TRIBUNAUX DE COMMERCE

PRÉSENTÉE A LA CHAMBRE DES DÉPUTÉS

PAR MM. Ernest LEFÈVRE (Seine), YVES-GUYOT, MONTAUT (Seine-et-Marne), LEFEBVRE (Seine-et-Marne), BOYSSET (Saône-et-Loire), Gustave RIVET, MAURICE-FAURE, DELATTRE, MARMONIER, LYONNAIS, Louis MILLION, René LAFFON (Yonne), CLÉMENCEAU, Jules CROS, WICKERSHEIMER, HERVIEU, DETHOU (Yonne), Gaston MARQUISET, Georges ROCHE, Gustave HUBBARD, CHARONNAT, PÉRILLIER, BEAUQUIER, BARBE, De MORTILLET, MICHELIN, CAMÉLINAT, BRIALOU, CALVINHAC, THÉRON, LESAGE, PAPON, FERROUL, BARRIÈRE, LAVILLE, LASSERRE, RANSON, PROAL, HORTEUR, CHAVOIX, De DOUVILLE-MAILLEFEU, VIGER, LEVREY, GRIMAUD, TRYSTRAM, DELLESTABLE, Emile BROUSSE, DUTAILLY, LAFONT (Seine), MICHOU, RORET, BALTET, JACQUEMART, DUGUYOT, Henri de LACRETELLE, Martin NADAUD, JAVAL, CHEVALIER, MONIS, JAMAIS, MÉNARD-DORIAN, Tony RÉVILLON, LEYDET, BOURGEOIS (Jura), PICHON, Camille DREYFUS, BOISSY-D'ANGLAS, DESMONS, CHANTAGREL, de LA BATUT, GADAUD, HANOTAUX, AUDIFFRED, LÉGLISE, BOURGANEL, LESGUILLIER, MESUREUR, CAMESCASSE, BAIHAUT, DOUMER, PELLETAN, BERNARD (Doubs), GAILLARD (Vaucluse), PRADON, GIGUET, DUCOUDRAY, DURAND-SAVOYAT, JUMEL, GUYOT, MERCIER, AUJAME, BARRÉ, CARRET, GOBRON, GASCONI, SABATIER, PRUDON, MATHÉ (Félix), GAULIER, CALÈS, RIVIÈRE, BOURNEVILLE, THIESSÉ, GUYOT (Marne), RICHARD, Félix PYAT, Fernand FAURE, PAJOT, Benjamin RASPAIL, Camille RASPAIL, MILLERAND, GAUSSORGUES, MICHEL, LASBAYSSES, DÉANDREIS, BRELAY, LABROUSSE, DUCROZ, GAILLARD (Isère), CECCALDI, Anatole de LA FORGE, THÉRON, BRUNIER, CHEPIÉ, BRUGNOT, VITRY, Daniel LAMAZIÈRE, LEPORCHÉ, LAGRANGE, JACQUIER, LABORDÈRE, BARODET, FRÉBAULT, Eugène FARCY, Pierre ALYPE, CORNUDET, ACHARD, VACHER Clovis HUGUES, LAPORTE, Paul de JOUVENCEL, Germain

Casse, Gerville-Réache, Rabier, Ponstande, Colfavru, Remoiville, Antonin Dubost, Germain, Louis Jourdan, Imbert, Brugeilles, Guillaumou, Hérisson, Frédéric Passy, députés.

EXPOSÉ DES MOTIFS

Messieurs,

A. — *Historique.*

Nous venons vous proposer une réforme qui n'est que la réalisation d'un vœu déjà ancien, émis par la Chambre des Députés, puisqu'elle a été l'objet d'un vote favorable dans cette assemblée, à la séance du 3 décembre 1883 ; voici dans quelles circonstances.

La présentation de la loi nouvelle sur l'élection des juges consulaires, qui nous régit actuellement et qui étend à tous les commerçants ce qui n'était le fait que de quelques-uns (loi du 8 décembre 1883), remontait à 1876 ; et le projet avait dû subir, pour différentes raisons, le retard considérable de sept années d'élaboration (1876-1883).

La 16e commission des pétitions de 1883 (3e législature), saisie d'une pétition de Mme Maria Deraismes, présidente de la *Société pour l'amélioration du sort de la femme et la revendication de ses droits*, demandant l'extension aux femmes de ce droit de suffrage, l'avait transmise un peu tardivement à la commission spéciale chargée de rédiger la nouvelle loi depuis si longtemps attendue.

Aussi cette modification risquait de faire ajourner une réforme qui était généralement demandée.

L'honorable M. Georges Roche ne put donc que faire prendre en considération par la Chambre et renvoyer à la commission spéciale l'amendement ainsi conçu : « Les membres des tribunaux de commerce seront élus par les commerçants *et commerçantes*, etc. » A la séance suivante, le rapporteur, M. Boysset, déclara que, pour des raisons de simple procédure d'opportunité, la commission ne pouvait s'associer à cette proposition en présence des élections qui allaient justement avoir lieu, et qu'il ne convenait pas de laisser s'accomplir sous l'ancien régime condamné à peu près par tous.

M. Boysset disait, en effet, à ce propos, parlant des partisans de l'électorat des femmes :

« Nous ne critiquons pas le moins du monde leurs conceptions et leurs désirs ; nous ne nous préoccupons que des circonstances et des nécessités qui nous pressent..., Que M. Roche présente ensuite une proposition en ce sens ; notre loi n'en aura pas moins son immédiate application ; notre collègue trouvera certainement dans la Chambre un écho de ses tendances libérales et généreuses en faveur de l'électorat des femmes ; une modification pourra intervenir ultérieurement. La lacune qu'il signale sera comblée, et la loi aura reçu le perfectionnement qui lui semble juste et nécessaire. »

Dans ces conditions, l'amendement fut retiré.

C'est cette lacune, Messieurs, que nous venons vous demander, aujourd'hui, de combler, après un délai qui peut paraître bien long, mais qui, en présence d'autres réformes également ajournées, s'explique sans trop de peine. Ce retard n'est qu'une raison de plus pour procéder à un examen rapide de la proposition qui, nous le répétons, a déjà pour elle le précédent d'une adhésion de la Chambre, donnée spontanément et sans débat, dans la séance du 3 décembre 1883, et une raison pour la faire aboutir promptement, si elle est justifiée, comme nous espérons maintenant le montrer en peu de mots.

B. — *Considérations générales.*

Il ne s'agit pas en effet, ici, de débattre la question de la capacité politique de la femme et de lui attribuer le droit de suffrage au nom du principe abstrait de l'égalité devant la loi, thèse qui est discutée dans divers pays, mais qui soulève des questions de plus d'un ordre auxquelles une assemblée constituante a peut-être seule le pouvoir de toucher.

Ici, la corrélation des droits que nous demandons avec les devoirs ou les charges déjà imposées est frappante, indiscutable. Si la femme peut être commerçante, pourquoi n'a-t-elle pas, avec les devoirs des commerçants, les prérogatives qui en facilitent l'accomplissement ; avec la responsabilité d'une fonction, les attributs qui la justifient, l'atténuent ou la rendent supportable? Pourquoi, si elle est soumise à cette menace permanente de la faillite, n'a-t-elle rien à voir à la composition des tribunaux chargés de la déclarer et de la liquider?

Voilà comment la question se pose.

Et il n'est pas difficile d'en montrer l'importance dans un pays où la femme occupe un rôle si considérable dans les opérations commerciales : circonstance qui n'est pas étrangère au renom qui accompagne partout l'industrie française et particulièrement l'industrie parisienne.

Les qualités d'activité, d'économie de nos femmes françaises ont là un terrain merveilleusement approprié où se déployer. Et ce n'est pas au moment où la fondation d'écoles professionnelles pour les jeunes filles est à l'ordre du jour, à côté de leurs autres écoles florissantes, qu'on pourrait discuter l'importance du rôle que remplit la femme, pas plus qu'on ne pourrait critiquer la façon dont elle le remplit, en présence de notre loi de 1881 sur *les Caisses d'épargne postales* qui lui a exceptionnellement permis de placer librement les économies du ménage, malgré les principes généraux du Code, comme récompense pour ainsi dire de son influence conservatrice dans la famille que rien ne pourrait remplacer.

Les exemples de maisons commerciales de premier ordre fondées ou administrées par des femmes sont trop près de nous, avec la valeur historique que leur donne le témoignage de reconnaissance de milliers d'employés, pour que nous ayons besoin d'insister.

Mais si la réforme que nous préconisons paraît ainsi très naturelle et très légitime en principe ; si le fondement du droit des femmes commerçantes à participer à l'élection des tribunaux consulaires est ainsi bien établi, on peut se demander si elles ont beaucoup d'intérêt à l'exercer, et secondement d'après quelles bases ou d'après quelles distinctions qui ménagent l'organisation domestique elles le feront.

C. — *Réfutations des objections.*

Tels sont les deux points qui nous restent à examiner :

1° Comment l'incapacité électorale constitue-t-elle un désavantage ?

2° Comment ce désavantage peut-il être supprimé sans trouble pour les principes sociaux actuellement admis ?

1° Pour le premier point qui est l'intérêt des femmes commerçantes à l'électorat, il nous suffira de laisser parler ici M. Le Bastard, le rapporteur du projet de loi au Sénat (séance du 22 novembre 1883). Les raisons qu'il donnait pour l'extension du suffrage à tous les patentés masculins s'appliquent avec une telle force à l'extension que nous proposons aujourd'hui, qu'il suffit de les reproduire.

« Les juges de tous, du moment qu'ils sont élus, doivent être élus par tous : autrement, il peut en résulter une inégalité fâcheuse entre ceux dont ils ont à juger les procès. Leur impartialité peut être soupçonnée, lorsqu'ils ont à prononcer entre un plaideur qui les aura élus, et qui, à brève échéance, sera appelé peut-être à prendre part à leur réélection, et un autre plaideur vis-à-vis duquel ils n'auront pas la même situation. Sans doute la réputation d'intégrité des membres de nos tribunaux de commerce est bien établie, et nous nous empressons de leur rendre à cet égard un hommage mérité ; mais des exceptions peuvent se produire, et en admettant même qu'il ne s'en produise jamais, la situation que nous venons de décrire mettra forcément en question l'impartialité du juge qu'il importe de maintenir au-dessus de tout soupçon... »

Et M. Le Bastard continuait en attaquant au fond la distinction des commerçants *notables* ou non notables sur laquelle reposait l'ancien régime électoral (1) :

« L'inconvénient le plus grave de la législation actuelle est de diviser les commerçants en deux classes : les notables et ceux qui ne le sont pas. Non seulement ces derniers sont privés d'un droit légitime et ont devant les tribunaux une situation inégale, *ils sont de plus exposés à subir, par suite de la position qui leur*

(1) Les notables étaient choisis par le préfet et depuis 1871 par une Commission.

est faite, des préjudices matériels dans l'exercice de leur profession. La qualification officielle de notable n'est pas à l'encontre de leurs concurrents le gage d'une supériorité simplement honorifique ; elle leur procure dans les affaires une prééminence lucrative qu'ils savent assurer en donnant la publicité nécessaire au titre dont ils sont investis. La substitution d'une commission aux préfets pour la désignation des électeurs et la suppression du mot *notable* n'ont pas atténué l'injustice de cette situation. La notabilité subsiste en fait, puisque les électeurs doivent être choisis (en vertu de la loi de 1871) parmi *les recommandables pour la probité, l'esprit d'ordre et d'économie ;* la qualification nouvelle donnée aux privilégiés aggrave, au contraire, l'état d'infériorité dans lequel on place les autres commerçants ; nous ne saurions trop insister contre cette violation du principe de l'égalité entre tous les citoyens, proclamé par la Révolution française. »

Est-il besoin de faire remarquer que les femmes non électrices sont justement, par rapport aux hommes électeurs leurs concurrents cependant, dans la même situation que les non-notables d'autrefois par rapport à ceux qui l'étaient ? Et par conséquent peut-on parler de concurrence loyale, telle que le commerce le comporte, dans des conditions inégales ? Et les femmes qui, à d'autres égards, ont déjà, croyons-nous, d'autres éléments d'infériorité, ne sont-elles pas doublement fondées à se plaindre ?

2° En ce qui concerne l'application du projet de loi, ou la détermination des personnes entre les mains de qui le suffrage sera remis, la seule difficulté qui puisse se présenter à l'esprit a trait à la femme mariée ; elle est réglée déjà, à notre avis, par le Code civil. C'est dire à l'avance qu'on ne propose en rien, ici, de toucher aux bases de la famille.

Des deux classes de personnes dont il puisse être question en effet : (*a*) la femme *seule*, comprenant fille et veuve, et (*b*) la femme mariée, la première ne rencontre absolument aucun obstacle au plein exercice de son droit.

(*a*) La célibataire ou la veuve exerce le commerce en France en toute liberté, sans aucune tutelle, sans aucune immixtion des pouvoirs publics ; elle est vraiment l'égale de l'homme, sauf le suffrage. Celui-ci ne peut pas se prévaloir d'une charge ou d'une pénalité quelconque qui n'incomberait pas à la femme ; car ce qui était vrai avant 1867 et la loi abolitive de la contrainte par corps, alors que l'un des deux sexes seul était soumis à ce mode de coërcition, a cessé de l'être. Et l'égalité étant faite sur ce point, il est de plus en plus pressant de l'accomplir sur les autres de peur qu'on ne dise que l'homme veut bien réaliser l'égalité à son profit, mais jamais à son détriment quand il gagne en exemptions, mais non quand il perd en privilèges...

(*b*) Passons à la femme mariée.

Ici, deux cas peuvent se présenter, déjà prévus, comme nous le disions, par la loi civile ou commerciale :

Ou le mari et la femme font le même commerce ;

Ou la femme a un commerce séparé, selon les termes de l'article 5 du Code de commerce.

C'est seulement à la seconde que nous proposons de donner le suffrage, et voici pourquoi.

Dans le premier cas, par suite de la confusion des intérêts des deux époux qui, du reste, sont adonnés à la même profession, le mari représente l'association industrielle comme l'association conjugale, il peut la garantir par son vote ; il est naturel, et il suffit qu'il vote seul. C'est au nom du mari, du reste, qu'est la patente dans ce cas, de sorte que la difficulté se règle d'elle-même (1).

Quant à la femme mariée qui a un commerce séparé, toutes les raisons existent pour qu'elle ait le suffrage consulaire et aucune objection tirée de la puissance maritale n'y peut faire obstacle, puisqu'elle n'a pu d'abord devenir commerçante qu'avec l'autorisation de son mari (art. 4, Code de commerce)

(1) Les articles 5 du Code de commerce et 220 du Code civil disent : « La femme n'est pas réputée marchande publique si elle ne fait que détailler les marchandises du commerce de son mari; elle n'est réputée telle que lorsqu'elle fait un commerce séparé. » Pour tout prévoir, on pourrait, en sortant un peu des termes de nos codes, imaginer une société en nom collectif contractée formellement entre le mari et la femme qui tous deux se livreraient aux mêmes opérations, mais sans aucun rapport de patron à commis. La légalité de pareils contrats est controversée en doctrine et en jurisprudence. Mais quand on l'admettrait, cette distinction n'offrirait aucune complication pour ce qui nous concerne, et les deux faces de l'hypothèse arrivent à se confondre au point de vue de l'intérêt du suffrage, et ne demandent même pas un mot de plus pour la rédaction de la loi à cause de la patente qui devrait toujours être inscrite au nom du mari.

et qu'elle est censée, par cela même, autorisée à faire tout ce qui comporte cette profession (1).

Conclusions

Telle est l'économie très simple du projet de loi que nous soumettons à votre approbation.

Vous penserez sans doute, comme vos devanciers de 1883, que « l'électorat dérivant ici d'une situation déterminée », selon l'expression du rapporteur de 1883, n'engage par conséquent en rien la grave question de la capacité politique de la femme, puisqu'il ne touche qu'à des intérêts pécuniaires et privés.

Vous approuverez ces paroles de l'auteur de l'amendement à cette époque (séance du 5 décembre), paroles qui n'ont pas cessé d'être vraies :

« Comment, les obligations étant les mêmes, les droits ne sont-ils pas les mêmes, quand précisément ces droits ne reposent que sur la situation qui soumet la femme aux mêmes obligations que l'homme. »

En conséquence, c'est avec confiance que nous vous proposons d'adopter la proposition de loi suivante :

PROPOSITION DE LOI

Article unique

L'article 1er de la loi du 8 décembre 1883 serait ainsi rédigé :

Au lieu de : « Les membres des tribunaux de commerce seront élus par les citoyens français, commerçants patentés, etc. » ;

Dire : « Les membres des tribunaux de commerce seront élus par les commerçants *et commerçantes* patentés, etc. » (Le reste comme dans le texte.)

(1) Nous n'oublions pas que certains auteurs admettent ici l'autorisation de justice comme pouvant suppléer l'autorisation du mari ; la jurisprudence, au contraire, s'en tient à la formule de l'article 4. Mais quand cette opinion triompherait, ceux qui ne croient pas la puissance maritale compromise par cette intervention possible des tribunaux, permettant à la femme les actes pécuniaires les plus graves et des relations constantes avec le public, n'auraient sans doute pas plus de scrupule quand il se joindrait à la qualité de commerçante le pouvoir de faire un choix électoral.

CHAMBRE DES DÉPUTÉS (SESSION DE 1889).

RAPPORT

FAIT AU NOM DE LA COMMISSION (1) CHARGÉE D'EXAMINER LA PROPOSITION DE LOI DE M. ERNEST LEFÈVRE *et plusieurs de ses collègues, relative aux droits civils des femmes*, par M. COLFAVRU, député.

MESSIEURS,

La proposition de nos honorables collègues a un double objet : 1° reconnaître aux femmes la capacité et le droit d'être témoins, au même titre que les hommes, dans tous les actes, publics, authentiques et privés ; 2° abroger les dispositions légales qui excluent les femmes des conseils de famille, et refusent de les admettre à l'exercice de la tutelle.

En ce qui touche l'admission des femmes au droit d'être témoins dans les actes publics, authentiques et privés, votre Commission vous propose de sanctionner la proposition de nos collègues. Sans admettre l'assimilation faite par les auteurs de la proposition entre le témoignage dans les actes publics, authentiques et privés, et le témoignage en justice, nous avons pensé que le témoin appelé dans les actes publics pour leur donner la sanction légale nécessaire, exerçait dans une certaine mesure une part de l'autorité publique, et qu'il n'y avait aucune raison pour priver les femmes de l'exercice de ce droit.

C'est d'ailleurs une réforme dont nous avons pris l'initiative dans le passé.

En effet, aux termes du décret des 20-25 septembre 1792, titre III, article 1er, les majeurs de l'un et de l'autre sexe pouvaient être témoins dans les actes de l'état civil. Nous n'avons donc qu'à revenir à cette juste et rationnelle législation, maladroitement modifiée par le régime rétrograde du 18 brumaire et de la Constitution de l'an VIII.

En ce qui touche le témoignage des femmes dans les actes authentiques, et notamment dans les actes testamentaires,

(1) Cette Commission est composée de MM. Dubois, *président ;* Lombard, *secrétaire ;* Georges Roche, Ernest Lefèvre, Arnault, Durand (Ille-et-Vilaine), de La Batut, Beauquier, Michelin, Colfavru, Remoiville.
(Voir les nos 1548-2310.)

plusieurs de nos collègues ont fait des réserves; mais la majorité de votre Commission a refusé de donner son assentiment à ces réserves, considérant comme suffisante l'interdiction faite au mari et à la femme d'être ensemble et concurremment témoins dans les actes.

Il est temps de revenir aux saines traditions législatives de la fin du dernier siècle, et de mettre un terme à cette humiliation signalée avec tant de raison par nos honorables collègues, à savoir, que la nation par nous émancipée, il y a vingt ans à peine, de son antique servitude, l'Italie, a proclamé et formulé depuis dix ans ces principes de justice et de raison, en introduisant dans sa législation ce texte de loi :

« Sont abrogées toutes dispositions légales qui excluent les femmes du droit de servir de témoins dans tous les actes publics et privés. »

Il nous a semblé, Messieurs, que nous ne nous diminuerions pas à suivre cet exemple de sagesse et de réparation.

Toutefois, il a paru à votre Commission qu'il y aurait inconvénient à admettre comme témoins dans le même acte le mari et l'épouse, et que l'un d'eux seulement devra être admis en témoignage.

En ce qui concerne la tutelle, les femmes sont frappées d'incapacités qui ne se justifient pas davantage et qu'il importe de faire cesser.

L'article 402 du Code civil s'exprime ainsi :

« Lorsqu'il n'a pas été choisi au mineur un tuteur par le dernier mourant de ses père et mère, la tutelle appartient de plein droit à son aïeul *paternel*; à défaut de celui-ci, à son aïeul maternel, et ainsi de suite, en remontant, de manière que l'ascendant paternel *soit toujours préféré* à l'ascendant maternel du même degré. »

Pourquoi, disent avec raison les auteurs de la proposition, pourquoi cette préférence systématique de l'aïeul paternel à l'aïeul maternel, sans discussion, sans examen; et pourquoi cette suprématie — même quand il s'agit de deux hommes, — de l'ascendant paternel sur l'ascendant maternel du même degré? Et, en effet, on ne trouve à cette étrange disposition de la loi aucune justification qui se tienne debout devant la critique la moins exigeante.

Cette suprématie, ce privilège accordé au *nom* du chef de la famille dans la surveillance et dans l'administration de la personne et des biens du mineur orphelin, ne résulte que de la conception sociale et politique de l'ancien régime ; et, manifestement, elle est en contradiction avec les principes rationnels qui, depuis la Constitution de 1791, servent de base à notre organisation démocratique.

Ce sont là des distinctions arbitraires qui doivent disparaître, et votre Commission vous propose de remplacer l'article 402 par la disposition suivante :

« Lorsqu'il n'a pas été choisi au mineur de tuteur par le dernier mourant de ses père et mère, le tuteur est choisi par le conseil de famille parmi les ascendants ou ascendantes du degré le plus rapproché, sans distinction ni préférence entre la ligne paternelle et la ligne maternelle. »

L'article 403 du Code civil procède du même illogisme que l'article 402 ; c'est toujours la même présomption arbitraire de l'incapacité fatale de la femme, allant jusqu'à préférer l'ascendant du père à l'ascendant de la mère, lors même que le premier n'aurait pour protéger le mineur aucune des qualités qui signaleraient le second à la préférence de la famille dans l'intérêt du pupille.

Aussi propose-t-on de remplacer l'article 403 par cette rédaction :

« A défaut d'ascendants et d'ascendantes du premier degré, la tutelle passera de plein droit au survivant des ascendants et ascendantes du degré supérieur. Si la concurrence se trouve établie entre plusieurs bisaïeuls, le conseil de famille sera appelé à faire un choix, lequel aura lieu sans distinction ni préférence entre la ligne paternelle et la ligne maternelle. »

Si ces deux modifications à la loi actuelle étaient admises, l'article 404 n'aurait plus de raison d'être, et de là l'observation très juste des auteurs de la proposition qu'il n'y aurait qu'à en demander simplement l'abrogation.

Enfin, nos collègues demandent que le droit à l'exercice de la tutelle et à faire partie des conseils de famille soit égal pour tous, hommes et femmes; en conséquence, ils suppriment de l'article 442 du Code civil, paragraphe 3, ces mots : « les femmes, autres que la mère et les ascendantes. »

C'est la déclaration de l'accession des femmes à la tutelle et aux conseils de famille, sur le pied d'égalité avec les hommes. Mais nos collègues ont sagement compris qu'en appelant toutes les femmes, sans distinction, à l'exercice soit de la tutelle, soit de la subrogée tutelle, soit de la curatelle, il fallait sauvegarder la responsabilité de l'époux, du chef de l'association conjugale, au cas où la femme choisie pour l'une ou l'autre de ces fonctions serait en puissance de mari; et, c'est dans cet ordre d'idées que votre Commission vous propose les dispositions ci-après :

« Art. 404. — Les femmes mariées, autres que la mère survivante, ne pourront être tutrices, subrogées tutrices ou curatrices sans l'autorisation de leur mari. »

« Art. 442. — Ne peuvent être tuteurs, ni membres du conseil de famille : 1° les mineurs, excepté le père et la mère; 2° les interdits; 3° tous ceux qui ont avec le mineur un procès dans lequel l'état de ce mineur, sa fortune ou une partie notable de ses biens sont compromis. »

Tels sont, Messieurs, les motifs de haute raison qui ont inspiré les auteurs de la proposition, et dont s'est inspirée à son tour votre Commission.

Elle a considéré que c'était la un premier pas dans la voix de l'émancipation rationnelle et juridique de nos compagnes, que le mariage devrait exalter dans le droit, au lieu de les humilier dans une injustifiable déchéance.

Cette libérale expérience de l'égalité du mari et de la femme dans l'exercice de leurs droits civils personnels, n'est plus à faire : depuis plus de quarante ans, la République des Etats-Unis a entrepris et réalisé avec un éclatant succès cette réforme; et, pour ne citer que l'état de New-York, voici les remarquables dispositions des bills successifs, mis en vigueur à partir du 7 avril 1848 (Kent., T° 2, p. 115 note).

« Désormais toute femme mariée aura la propriété particulière et distincte de ses biens, comme si elle était femme libre; elle ne sera point assujettie au payement des dettes de son mari, ou soumise à sa volonté discrétionnaire.

« Toute femme mariée peut hériter ou recevoir par donation ou autrement de toute personne autre que son mari; et elle possède sa propriété et peut en disposer comme si elle n'était pas mariée.

« En conséquence, les femmes mariées, qui ne possédaient que par le moyen de fidéi-commis, peuvent se faire remettre la propriété par des fidéi-commissaires et en disposer librement.

« La femme mariée peut acheter, vendre, céder, transporter sa propriété personnelle ou mobilière ; elle peut entreprendre et conduire personnellement tout commerce, toute industrie, sous sa seule responsabilité, et pour son propre compte ; les bénéfices, revenus, qu'elle tire de ses transactions ou opérations constituent sa propriéré exclusive et séparée, et elle en use et dispose en son propre nom.

« Elle ne peut disposer de sa propriété immobilière qu'avec le consentement écrit de son mari ; en cas de refus de ce dernier, elle peut se pourvoir devant la cour de Comté qui l'autorisera après vérification de certains faits.

« Elle peut seule engager un procès, ou défendre à des poursuites concernant sa propriété personnelle ; elle peut, en son propre nom, introduire une instance en dommages-intérêts, contre toute personne ou toute collectivité, pour réparation du préjudice causé à sa personne ou à son caractère ; et les indemnités qu'elle peut recueillir par jugement sont sa propriété.

« Au décès de l'un des deux époux, s'il n'y a pas d'enfant mineur, le survivant a l'usufruit viager du tiers de la propriété immobilière du défunt ; si le décédé laisse un ou plusieurs enfants mineurs, sans avoir fait aucune disposition testamentaire, l'époux survivant jouit de toute la propriété du défunt, jusqu'à la majorité des enfants, et, après cette époque, sa jouissance est réduite au tiers, comme il vient d'être dit »

C'est là une conception juridique du mariage et de la famille qui mérite assurément d'appeler l'attention du législateur de la République française et de le déterminer à substituer ces libérales dispositions à des prescriptions vraiment excessives qui ne sauraient convenir à notre démocratie si justement éprise des principes de droit, de justice, d'égalité.

Voici le texte que vous propose votre Commission.

PROPOSITION DE LOI

Article premier

Sont abrogées toutes les dispositions légales qui excluent

les femmes du droit de servir de témoins dans les actes publics, authentiques ou privés.

Toutefois, les deux époux ne pourront être témoins en même temps dans les actes.

En conséquence, l'art. 37 du Code civil est modifié comme suit :

« Art. 37. — Les témoins produits aux actes de l'état civil devront être âgés de vingt et un ans au moins, parents ou autres ; ils seront choisis sans distinction de sexe par les personnes intéressées ; néanmoins le mari et la femme ne pourront être ensemble reçus comme témoins dans le même acte. »

Art. 2

Les articles 402, 403, 404, 442 du Code civil sont remplacés par les dispositions suivantes :

« Art. 402. — Lorsqu'il n'aura pas été choisi au mineur de tuteur par le dernier mourant de ses père et mère, le tuteur est choisi par le Conseil de famille parmi les ascendants ou ascendantes du degré le plus rapproché, sans distinction ni préférence entre la ligne paternelle et la ligne maternelle.

« Art. 403. — A défaut d'ascendants et d'ascendantes du premier degré, la tutelle passera de plein droit au survivant des ascendants et ascendantes du degré supérieur. Si la concurrence se trouve établie entre plusieurs bisaïeuls, le Conseil de famille sera appelé à faire un choix, lequel aura lieu sans distinction ni préférence entre la ligne paternelle et la ligne maternelle.

« Art. 404. — Les femmes mariées, autres que la mère survivante, ne pourront être tutrices, subrogées tutrices, ni curatrices, sans l'autorisation de leur mari qui sera de plein droit co-tuteur dans les conditions de l'article 396 du Code civil. La même disposition sera appliquée au mari dans tous les cas où sa femme aura été appelée avec son autorisation à exercer les fonctions de subrogé tuteur ou de curateur.

« Art. 442. — Ne peuvent être tuteurs ni membres des Conseils de famille : 1° les mineurs, excepté le père et la mère ; 2° les interdits ; 3° tous ceux qui ont avec le mineur un procès dans lequel l'état de ce mineur, sa fortune ou une partie notable de ses biens sont compromis. »

FIN

TABLE DES MATIÈRES

PARIS. — IMP. E. MAYER ET Cie, 18, RUE RICHER

www.ingramcontent.com/pod-product-compliance
Ingram Content Group UK Ltd.
Pitfield, Milton Keynes, MK11 3LW, UK
UKHW012026240726
13965UKWH00002B/610